DRÁCULA
veste
Dior

SCARLETT STOKER

DRÁCULA veste Dior

*O guia fashion definitivo de A a Z
para mortos-vivos e aspirantes*

Tradutora:
Maria Elizabeth Hallak Neilson

LAROUSSE

Título original: *Dracula in Dior*
Copyright © 2010 by Scarlett Stoker
Copyright © Editora Lafonte Ltda., 2011
O texto deste livro foi editado conforme as normas do novo acordo ortográfico
da língua portuguesa, em vigor no Brasil desde 1º de janeiro de 2009.

Todos os direitos reservados.
Nenhuma parte deste livro pode ser reproduzida sob quaisquer
meios existentes sem autorização por escrito dos editores.

Edição brasileira

Publisher *Janice Florido*
Coordenadora de produto *Daniella Tucci*
Marketing *Fernanda Santos*
Editoras *Fernanda Cardoso, Elaine Barros*
Preparador de texto *Walkíria De Felice*
Revisor *Eliel Silveira Cunha*
Editora de arte *Ana Dobón*
Capa *Fran Moreira*
Diagramação *Linea Editora Ltda.*
Produtor gráfico *Fernando Cardille*

Dados Internacionais de Catalogação na Publicação (CIP)
(Câmara Brasileira do Livro, SP, Brasil)

Stoker, Scarlett
 Drácula veste Dior : o guia fashion definitivo de A-Z para mortos-vivos e aspirantes / Scarlett Stoker ; tradutora Maria Elizabeth Hallak Neilson. -- São Paulo : Editora Lafonte Ltda., 2011.

 Título original: Dracula in Dior.
 ISBN 978-85-7635-788-9

 1. Moda - Humor, sátira etc. I. Título.

10-11859   CDD-391

Índice para catálogo sistemático:

1. Moda : Tratamento humorístico   391

1ª edição brasileira: 2011
Direitos de edição em língua portuguesa, para o Brasil,
adquiridos por Editora Lafonte Ltda.

Av. Profa. Ida Kolb, 551 – 3º andar – São Paulo – SP – CEP 02518-000
Tel.: 55 11 3855-2290 / Fax: 55 11 3855-2280
atendimento@larousse.com.br • www.larousse.com.br

Agradecimentos

Scarlett Stoker gostaria de agradecer às seguintes humanas, por serem fabulosamente estilosas e encorajadoras: Barbara J. Zitwer, Flavia Sala e Fernanda Cardoso.

Ressalva

Este livro é uma obra de humor. Não está associado à Dior nem por ela é endossado. Tampouco pretende ou insinua possuir qualquer controle da marca.

Scarlett Stoker, produto da imaginação da autora, é uma personagem fictícia.

Introdução

*"Parecer bem e vestir-se bem é uma necessidade.
Ter um propósito na vida não."*
Oscar Wilde

Meus queridos,

Saudações e boa noite aos mortos-vivos e aspirantes.

Conforme devem ter percebido, nossa vida como vampiro não é mais o que costumava ser.

Outrora, movidos por uma sede delirante de sangue, vagávamos à noite por cemitérios, rodovias e estradinhas e nos alimentávamos às escondidas. Agora, não mais. Agora, milhares acompanham cada um de nossos passos depois do pôr do sol.

Outrora, ligávamos a televisão a fim de assistir aos programas que Hollywood criava visando divertir aqueles inocentes e estúpidos humanos — agora nós somos a programação.

Outrora, íamos ao cinema para assistir a comédias românticas, em que humanos brigavam e então se apaixonavam, agora é por nós que eles se apaixonam na telona.

Queridos, não estou surpresa. Somos mesmo irresistíveis, não?

Tão sensuais, tão perigosos, tão fascinantes.

E possuímos duas coisas que todos os humanos, através dos séculos, desejaram mais que qualquer outra. Coisas que apenas nós, os mortos-vivos, podemos lhes conceder.

Vida eterna.

Eterna magreza.

A despeito de nosso grande empenho em evitar a ribalta, cabe-nos aceitar os fatos. Somos famosos agora. O público nos ama! Já não somos mais monstros, espreitando nas sombras, e sim deuses do sexo, bem-vindos em cada quarto.

Após séculos de perseguição, alho e publicidade negativa, este é, deveras, um momento glorioso.

No entanto...

Queridos, aproximem-se um pouco mais. Serei franca. Nunca foi da minha natureza morder pelas beiradas. Precisamos nos vestir melhor. Dar um *upgrade* na alfaiataria. As capas pretas, vestidos de veludo, rostos pálidos e olhos injetados têm que sumir. Assim como o século passado, o século retrasado, e por aí vai.

Cometemos o pior dos pecados possíveis, mortos ou mortos-vivos.

Ficamos antiquados.

Um clichê!

Mark Twain disse, certa vez, que as roupas fazem o homem. E não deviam também fazer ao homem que vive por toda a eternidade?

Sei que os nomes Dior, Balenciaga, Prada e Calvin Klein não significam nada para vocês, mas deveriam.

Meus queridos, vivemos agora em um século em que a imagem é tudo. Os mortais têm realizado pesquisas que revelam como sua aparência irá determinar a maneira como as pessoas irão tratá-los, se relacionar com vocês e, portanto, lhes oferecer o pescoço.

Vocês sabem que nós, mortos-vivos, não podemos entrar em um lar humano ou em uma loja sem sermos convidados. Todavia, perguntem-se que mortal convidará Drácula, vestido daquele jeito, para jantar? Vocês não acham que o conde assustaria as crianças? Porém, se ele aparecer envergando um jaquetão Savile Row, uau! O jantar está servido.

Se nós vampiros vamos estar em maior evidência — dá licença, Harry Potter —, se vamos nos tornar mais íntimos e (se Deus quiser) fincar nossos caninos em modelos, estrelas de cinema e membros da realeza, devemos nos pôr à altura do papel e dar um banho de loja na imagem. Uma repaginação, se preferirem. E tragam-me um pouco de glamour junto!

Queridos, vocês não têm nada do que se envergonhar.

Todo mundo aposta mais na moda quando fica famoso. Aspirantes a atrizes de Hollywood. Michelle Obama. David Beckham. Susan Boyle.

E agora nós, e aqueles dentre vocês que logo se reunirão a nós na vida eterna.

Neste livro, vou lhes mostrar como se reinventar, como se tornar fashionistas mortos-vivos, aficionados da alta-costura e de grifes *prêt-à-porter*, como Gap, Zara e Topshop. Como se valer da moda para seduzir sua presa. Com se vestir para conquistar amigos, influenciar pessoas e sugá-las até a última gota.

Só porque alguém é depravado e sedento de sangue não significa que precise abrir mão de ser chique.

Confiem em mim, oh, sim, senhores e senhoras dos mortos-vivos.

Se o diabo veste Prada, Drácula pode vestir Dior.

Então, quem sou eu para auxiliá-los nessa transformação? Tenho atuado na indústria da moda há uma eternidade, em lugares como Transilvânia, Paris, Milão, Londres e Nova York.

Frequentei a corte de Maria Antonieta (deleitei-me com sua execução), costurei vestidos no ateliê de Christian Dior e desenhei roupas para Ralph Lauren. Vesti atrizes para o Oscar e agora trabalho em uma famosa revista de moda.

E sou vampiresa. Todavia, não sou a única metida na indústria da moda. Mortos-vivos labutam em empresas fabulosamente estilosas, alguns até as administram.

Oh, queridos, se ao menos vocês soubessem...

Sobre a autora

Scarlett Stoker é vampiresa, nascida princesa russa em São Petersburgo, no ano de 1716. Criada em meio ao luxo, desenvolveu desde cedo o gosto por belas roupas e joias deslumbrantes. Quando criança, seu objeto favorito não era uma boneca, ou um ursinho de pelúcia, mas uma capa de seda debruada de arminho, que costumava usar nas viagens ao campo.

Jovem membro da realeza, ensinaram-lhe a costurar e a bordar, além de cavalgar. Aprendeu também francês, preparando-se, assim, para as futuras núpcias com um príncipe francês. Em 1736, casada e morando em Paris, tomou como amante um certo conde austríaco, que possuía negócios ali.

Obcecado por sua grande beleza e verve, o conde transformou-a em vampiresa no primeiro mês do relacionamento de ambos, a fim de que fossem amantes por toda a eternidade. (Os dois continuam envolvidos, embora hoje ele more em Londres e ela em Nova York.) Convertida em vampiresa, Scarlett viu-se obrigada a abandonar a família, temendo destruí-la em virtude de sua sede de sangue. Repentinamente uma mulher só, precisava sustentar-se. Valendo-se de suas brilhantes habilidades na arte da costura, e movida por um profundo amor pela moda, vem atravessando os séculos empenhada em vestir e inspirar os bons e poderosos, inclusive havendo trabalhado na corte de Maria Antonieta e no ateliê de Christian Dior.

No século passado, mudou-se para os Estados Unidos, onde tem atuado em uma empresa de *design*, na Sétima Avenida, e como estilista de celebridades. Atualmente, encontra-se entre os editores de uma famosa revista de moda, ainda faminta, depois de todos esses anos, de espalhar o evangelho da elegância.

Ainda sedenta também: de sangue.

Ao longo dos séculos, colecionou inúmeros amantes, algo do qual não se envergonha. Dentre eles, a quem mais amou foi o escritor irlandês Bram Stoker. Este, depois de descobrir seu sombrio segredo, sentiu-se inspirado a escrever o romance *Drácula*, para homenageá-la. Posteriormente, após a morte do autor, Scarlett, em um gesto de reconhecimento, adotou seu sobrenome.

Muitos homens de sua vida eram bem vestidos, e os que não, tratou de modificar.

Alguns até transmudou em vampiros.

A

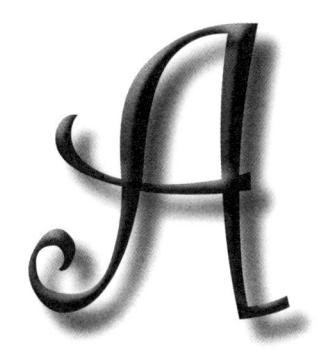

ACESSÓRIOS

"Quanto menos você puder gastar em vestidos, mais cuidado deve ter na escolha dos acessórios." Meu brilhante mentor, *monsieur* Christian Dior, proferiu essa famosa frase cinquenta anos atrás e, queridas, garanto-lhes, nada mudou. Vivas ou mortas-vivas, os acessórios são tão essenciais ao seu guarda-roupa quanto o doce e gotejante sangue à sua própria existência. Acessórios não apenas podem compor ou destruir seu look; podem salvar-lhe a vida.

Comecemos com o mais importante — sapatos. Disse Imelda Marcos certa vez: "Eu não tinha três mil pares de sapatos, e sim mil e sessenta". Oh, Imelda, por que desculpar-se? Respirando ou não, eis a primeira lei dos sapatos: quanto mais, melhor.

A segunda lei? Quanto mais alto o salto, mais curta a jornada até o pescoço. E, se possível, que sejam saltos Louboutin. Aquelas solas vermelhas me matam! Manolo Blahnik também funciona — basta perguntar a Carrie Bradshaw —, e confesso ser bastante inclinada às botas de cano alto Gucci e Rodarte. Um pouco de sadomasô é sempre bom para a alma, não?

Além de sua pura beleza, um salto agulha também é maravilhoso para perfurar os olhos de qualquer caçador em seu encalço. Lembrem-se, se ele não conseguir enxergar, não será capaz de identificá-las, posteriormente, na lista dos dez mais procurados do FBI.

Humanas usando sapatilhas devem ter lhes chamado a atenção, todavia, minhas queridas, tais sapatos não lhes servem. Vocês são agora criaturas da noite, e sua vida já não é uma cena do *Lago dos Cisnes*. Vocês, minhas preciosas, são descendentes de Drácula, e a sede de sangue é a única dança que consta no programa.

(Voltando para casa depois de uma noite se alimentando, não se esqueçam de conservar à mão os óculos Ray-Ban aviador, ou algum outro da coleção *Vampiro* de Karen Walker — além de um chapéu de abas largas. O nascer do sol, a exemplo do alho, age sorrateiramente sobre vocês.)

Agora, no quesito bolsas, as pequenas, como a Baguette da Fendi, podem ser estilosas, porém onde irão esconder as partes desmembradas de um corpo, depois da matança? Melhor optar por uma Louis Vuitton modelo Bucket, ou por uma *duffel* Goyard, que não só tem lugar para guardar coração e rins como também seu iPod e seu Blackberry, além de oferecer espaço suficiente para carregar, daqui para lá, todos os quatro livros da série *Crepúsculo*. É importante estar a par do que os humanos andam lendo a nosso respeito, o que facilita responder à única pergunta que os viventes lhes farão em uma festa: turma do Edward ou do Jacob?

Em relação a cintos, creio que o mais fino é melhor para estrangular uma vítima que se debate e, em se tratando de echarpes, ignorem as de lã, destinadas aos humanos friorentos. Vocês devem marchar direto para a coleção de lenços de seda Hermès, usados pela rainha Elizabeth, Jackie Onassis e Madonna. A assassina de *Instinto Selvagem* usava uma echarpe Hermès para amarrar sua vítima antes de golpeá-la com um furador de gelo e, queridas, eu juro, quando você consegue misturar moda e sangue, todo mundo sai ganhando.

ALTA-COSTURA

Lembram-se de quando todas as suas roupas eram sob medida? Capas, luvas, vestidos escarlates, cartolas? Aqueles com menos de 150 anos precisam confiar em mim quando afirmo ser uma experiência extraordinária vestir algo confeccionado para se amoldar ao seu corpo perfeitamente. É como alimentar-se em um rio de sangue.

Roupas de grife ainda estão sendo minuciosamente feitas à mão, prática denominada alta-costura. Não obstante, somente o *crème de la crème* dos estilistas trabalha assim atualmente, dentre os quais Dior, Chanel, Givenchy, Gaultier, e suas peças são *très* caras. Estamos falando em até 100 mil dólares por um conjunto. Isso significa que vocês, minhas queridas, ou terão de procurar marido rico ou um vampiro velhote e milionário. As dispostas a ir ao banco de dia — e acredito piamente que vale a pena morrer pela moda — talvez consigam levantar um empréstimo.

O truque é saber quais gerentes de banco seduzir para financiar a compra. Não perca tempo tentando explicar por que uma jaqueta de veludo Givenchy ou um terninho Armani Privé são imprescindíveis a um heterossexual que administra bancos, porque o sujeito só concede empréstimos a machos na crise da meia-idade que desejam comprar Lamborghinis. (Você pode mordê-lo de pura repulsa, se quiser.)

Tampouco me daria ao trabalho de falar com uma gerente, pois, tão logo ouvisse o que você pretende comprar, a criatura seria dominada pela inveja. Se ela tem de usar uniformes de poliéster todo santo dia, por que você seria diferente? Não, o que se deve buscar é o valorizadíssimo gerente de banco g*ay*, que aprecia a arte da alta-costura e a necessidade de parecer fabulosa a qualquer preço. Ele lhe concederá um empréstimo imediatamente, com a menor taxa de juros, porque compreende que a única coisa mais importante que possuir casa própria é ter uma roupa assinada por Karl Lagerfeld.

Alta-costura é como mágica. Envoltas em metros de seda e organza, cristais e pérolas, as humanas parecem mais chiques, *sexy* e magras do que realmente são. Se a alta-costura faz isso por elas, já imaginaram o que não seria capaz de fazer por vocês? Viventes também falam sobre como a alta-costura lhes permite sonhar. Mas quem pode sonhar sentindo fome? Queridas, não há razão para estar vestida para matar se não há nenhum sangue de verdade derramado. Porém, trajando um Dior legítimo, com sua cinturinha perfeita acentuada e seu esplêndido pescoço agora alongado como o de um cisne, vocês não acreditarão na qualidade dos humanos que irão atrair.

Artistas de cinema! Modelos! Aristocratas! Pensem em todo aquele sangue com gosto de dinheiro e champanhe. Vocês não conseguirão isso usando roupão e bobes nos cabelos.

B

BIQUÍNIS BRASILEIROS

Adoro vampiros brasileiros. Se você ainda não os conhece pessoalmente, deve tratar de fazê-lo. Além de sexy e capazes de se divertir como se não houvesse amanhã, ninguém consegue vestir um biquíni ou uma sunga como eles. Diferentemente de seus primos europeus ou americanos, que às vezes demonstram preguiça na questão fitness, os vampiros brasileiros continuam a malhar muito, embora sejam mortos-vivos.

Quer dançando samba, quer jogando futebol, quer se submetendo a cirurgias plásticas, todos se empenham em algo mais para manter a forma, atitude pela qual merecem aplausos.

Mas por quê, ouço-os perguntar. Já não somos todos naturalmente magros e sensuais? Claro que sim, porém, quando você mora perto de algumas das melhores praias do mundo e passa muitos meses do ano metida em biquínis, nunca é demais correr um quilômetro extra.

Todos sabemos que o que nos atrai nos humanos é seu sangue. E o que atrai os humanos a nós é o sexo. E se queremos sujeitá-los aos nossos desejos, é preciso nos vestirmos para o sexo, mesmo quando não estamos na cama. Eis a razão de o biquíni ser necessário. Nada demonstra mais sua disposição de atrair alguém do que usá-lo na companhia do sexo oposto. Os humanos simplesmente não resistem a uma bela mulher com um biquíni minúsculo, ainda que ela tenha quatrocentos anos de idade e durma em um caixão.

Todavia, queridas, vocês não devem vestir qualquer biquíni. Tem de ser um biquíni brasileiro.

Vocês acham que brasileiros gostam de futebol? Pois o número daqueles que ficam apreciando as mulheres desfilarem seus biquínis na praia de Ipanema é muito maior do que os que já assistiram a Pelé jogar.

Ninguém corta três triângulos de tecido como os brasileiros, ninguém usa um biquíni como as brasileiras — a maneira como a peça se encaixa perfeitamente logo abaixo de seus quadris, sussurrando "eu quero você". Alguns dos sangues mais saborosos que jamais suguei deveu-se a um biquíni Rosa Chá que usei no Rio. Obrigada, querido! Complete seu look com sandálias Havaianas, um bronzeador solar falso e pronto, você está pronta para a ação.

Pessoalmente, pendo para um biquíni vermelho, porque é fabuloso para esconder manchas de sangue, caso você se alimente e queira voltar para a água.

Falando em nadar, sim, estou ciente de que nenhum de nós pode tomar sol na praia de Copacabana, mas quem disse que biquínis são apenas para o dia? Ou somente para ir à praia? Experimente usá-los em um luau à beira da piscina e observe como os humanos se concentrarão ao seu redor, fazendo seu estômago borbulhar em antecipação à refeição que há de vir. Em uma noite quente, por que não vesti-lo para uma ida ao cinema? Não é ilegal, e você dará à plateia algo mais para olhar.

Entretanto, se o oceano for seu negócio, vá à praia depois de escurecer para jogar vôlei ou futebol com aqueles salva-vidas gatos, em seu horário de folga. Caramba, o gosto deles é sensacional. Apenas tenha cuidado com a areia nos caninos.

BLACK — O PRETO BÁSICO

Ah, a cor mais importante na tradição dos vampiros. A cor da noite, da morte, de nosso guarda-roupa gótico. Porém os humanos procuram, continuamente, testar diferentes personalidades e, às vezes, chegam à nossa. Atualmente todo mundo deseja se vestir como vampiro, e não somente no Halloween. Entretanto, por que contentar-se com clichês, quando é possível ser fashionista? Por que pescar roupas em araras, quando é possível exibir alta-costura?

Muitos de nós têm vivido por séculos e assistido a uma infinidade de modismos virem e irem. Aqueles de vocês que perambularam, mortos-vivos, pelo senado romano, lembram-se da toga? Nem de longe um bom look, ainda que o nome do sujeito fosse César.

Servia para acrescentar logo uns 5 kg à silhueta.

Desde então testemunhamos uma verdadeira revolução na maneira como os humanos se vestem. Armaduras. Rufos. Calções. Redingotes. Anáguas armadas. Espartilhos. Melindrosas. Ternos risca de giz. Jeans. Minissaias. Shorts. Ombreiras. Grunge. Country. Cowboys. Roupa de baixo usada como roupa de cima. (Graças a Madonna. Sei que alguns de vocês a conheceram pessoalmente. Para os que não, os boatos são verdadeiros. Ela é extremamente suculenta.) Dominatrix. Glamour. E, sim, o preto gótico, roubado de nós pelos humanos que nunca nos mandaram sequer um buquê de flores em agradecimento.

Vivos ou mortos-vivos, simplesmente não há desculpa para má educação.

Mas estou divagando. Através de todos esses séculos, nenhum de vocês fez qualquer esforço para se atualizar, melhorar, se embelezar. Desfilar o mesmo look por cinco séculos não ajuda nem a nossa causa nem a indústria da moda. Pense no significado disso quando emergir do seu caixão, ao entardecer, metida em um vestido preto de veludo e corpete, ou em uma camisa branca e gravata-borboleta, ou envergando capa preta e cartola, ou, se você for Tom Cruise ou Brad Pitt, fraque e plastrão.

Sem querer ofender nosso grande líder, conde Drácula, que tédio! Já foi tudo visto e testado.

E vocês que são mais jovens, acham que é bacana usar jaqueta preta de couro todos os dias? Mesmo no verão? No Arizona?

Entrar em um bar, ir a um coquetel ou aparecer em uma loja de conveniência 24 horas, inteiramente de preto, o torna imediatamente identificável. Tal coisa permite, àqueles que nos temem, nos localizar, tramar contra nós e até guardar uma estaca atrás do balcão para quando surgir a ocasião.

E, pior, significa que quando mortais elegantes transitarem entre nós trajando Pucci, Chloe ou Jean Paul Gaultier, e vocês ainda estiverem fazendo compras em lojas de fantasias, saberão que estarão irremediavelmente marcados como desprovidos de estilo.

Matar alguém porque vocês precisam se alimentar para sobreviver é aceitável.

Mas cometer um crime de moda? Não, não o permitirei.

Portanto, queridos, quero que prestem muita atenção.

Deem um sumiço nas capas pretas.

Todos vocês.

Na realidade, elas não os mantêm aquecidos como supõem e funcionam como uma pista gigantesca para os caçadores de vampiros. Troquem-nas por uma bela Burberry, ou por um casaco de lã angorá Calvin Klein.

Talvez, ultimamente, tenham ouvido os estilistas — de Nova York a Varsóvia — anunciarem, mais uma vez, que o *preto é o novo preto*.

Sim, contudo não para vocês, meus sanguessugas.

Preto é a cor que os humanos usam com dois objetivos. Parecerem mais magros e se adequarem aos funerais. Porém vocês já estão magros por toda a eternidade, e, para nós, enterros não são para lamentar, e sim para celebrar!

O que é mais excitante que uma cova recente?

A ocasião requer um traje pink, vermelho ou roxo. Flores. Estampas de bola. Acessórios dourados. Não preto.

Queridos, morto-vivo não é sinônimo de *démodé*. Não significa usar a mesma coisa, diariamente, por milênios.

Um verdadeiro fashionista não segue o rebanho, o guia. Portanto, por que ainda estão usando preto?

O que vocês são, zumbis?

C

CARNAVAL

Ninguém entende que ser vampiro é uma ocupação, exatamente como ser médico ou professor. Trata-se de um serviço em tempo integral, bastante exigente, que requer grande concentração, paciência e planejamento. A exemplo dos humanos quando exaustos devido ao excesso de trabalho, às vezes você também necessita de férias.

Existe um único lugar relaxante e na moda aonde ir — o Brasil.

E somente uma época do ano para ir — o Carnaval.

No Carnaval, o Brasil oferece ao vampiro estiloso dias inesquecíveis, e a garantia do anonimato. Você vestirá fantasias fantásticas, máscaras maravilhosas e se misturará a humanos do mundo inteiro, que não tardarão a ter uma nova vida como refeição digna de um Le Cordon Bleu.

Queridos, minha regra mais importante sobre o Carnaval, quer estejam no Rio ou alhures, é que participem dos desfiles. Nada de ficarem sentados nas arquibancadas admirando plumas, paetês e passos de dança, ou selecionando a próxima refeição a seis metros de distância do cardápio. Juntem-se aos passistas, absorvam a atmosfera, requebrem os quadris e caiam no samba! Aproveitem!

Além de tudo, aproximarem-se da ação os permitirá sentir o cheiro dos humanos brasileiros mais de perto.

Pessoalmente, aprecio morder enquanto danço, todavia, certifiquem-se de banquetearem aqueles que trajam fantasias escuras, pois essas disfarçam melhor as manchas de sangue. E é bom que estejam usando máscaras elaboradas, para que suas vítimas, ao acordarem na manhã seguinte, não consigam identificá-los na delegacia.

Aos que nunca visitaram o Brasil antes, asseguro-lhes que os brasileiros são deliciosos. Têm sabor de caipirinha, café, feijoada e churrasco, com uma pitada de abacaxi. É como se a corrente sanguínea deles estivesse sempre em festa, com música tocando a noite toda.

O que particularmente amo no Brasil é que as presas brasileiras têm um sabor especial. Mas tome cuidado com caçadores de vampiros, pois eles estão por toda parte, principalmente nas ensolaradas praias cariocas e na densa floresta amazônica.

E não se esqueçam de que o rio Amazonas é espetacularmente escuro e profundo, repleto de piranhas, que também adoram um sangue humano. Nunca lhes tinha ocorrido que peixes podiam ser vampiros? Pois repensem, queridos.

CELEBRIDADES ESTILISTAS

Madonna. Jennifer Lopez. Gwen Stefani. Kate Moss. Beth Ditto. Paris Hilton. Beyonce. Bono. Victoria Beckham. Todas as celebridades acima desejam nos vestir, mas quem, realmente, compreende nossas necessidades em termos de roupas? (Pergunta valendo prêmio: quais delas são um de nós?) Possivelmente vocês já notaram que hoje em dia muitas celebridades humanas se autodenominam estilistas. Oh, tem dó! Aparentemente, se alguém canta, também costura. Se consegue atuar, também sabe desenhar. E caso seja loura, more em Hollywood e grave clipes sexy, pronto, é colega de profissão de Donna Karan. Como uma coisa dessas é possível?

Meus queridos, uma coisa dessas é possível porque as celebridades humanas ignoram todas as regras que se aplicam aos viventes comuns. As celebridades vivem em um universo paralelo, cheio de drogas, cirurgias plásticas e personal trainers, e isso as torna tão especiais que podem se transformar em quem bem quiserem. Se você fez um filme de sucesso e então decide ser também astronauta e viajar para a Lua, que assim seja! Se tem um clipe popular na MTV e resolve competir nas Olimpíadas representando seu país, que importa se não possui o menor talento esportivo? A vaga no time já é sua! De modo que acontece o seguinte: celebridades que conseguem se vestir pela manhã, agora gostam de se autodenominar estilistas. Alegra-me que *monsieur* Dior tenha partido para o outro lado, porque, se já não estivesse lá, ver a coleção de roupas de Paris Hilton certamente o teria matado.

Meus queridos mortos-vivos, exorto-os, com poucas exceções, a se manterem longe dos esforços dessas celebridades. Além de inferiores ao trabalho de mestres como Vivienne Westwood e Giorgio Armani, não servem aos deuses da moda, mas somente aos seus tristes e humanos egos.

E imploro-lhes, viventes por aí: atenham-se ao que fazem melhor — conforme dizemos no mundo vampírico. No nosso caso é morder e drenar. Vocês não veem vampiros realizando cirurgias cerebrais ou escalando o Everest, veem? Aprendemos ao longo dos séculos a concentrar nossos talentos, e seria maravilhoso se vocês imitassem nosso exemplo.

Portanto, Madonna, doçura, suplico-lhe, continue cantando e dormindo com modelos e deixe a cargo de sua prezada amiga Stella McCartney confeccionar calças. Bono, você não está ocupado salvando o mundo? Precisa também exigir que usemos suas enfadonhas camisas politicamente corretas? (Victoria Beckham, querida, você pode prosseguir desenhando, porque seus vestidos são muito chiques e têm caimento perfeito.)

Quanto ao resto de vocês, DESISTAM.

Agora uma palavrinha de alerta a qualquer uma que esteja pensando em investir na coleção de Kate Moss. Roupas capturam o cheiro e a personalidade de seu criador, exatamente como nós. Perguntem-se se usar um vestido Kate Moss as ajudará a se alimentar melhor, ou se apenas as fará deparar com um desfile de namorados indesejáveis, que consome drogas e as traem? É necessário falar mais?

CIRURGIA PLÁSTICA

Era uma vez humanos que tinham a desdita de nascer feios. Depois de condenados a viver com sua fealdade, tragicamente morriam daquela mesma maneira. Seus anos na Terra sem beleza, sem peito, com barriga, ou com coxas rechonchudas, não eram fáceis, e em memória deles derramamos uma lágrima.

É a beleza que abre portas, meus queridos, enquanto a feiura as fecha com força.

O mundo para humanos só é uma ostra quando se é a pérola.

Então um milagre aconteceu. No século passado, os médicos inventaram a cirurgia plástica e, de repente, os viventes podiam consertar quaisquer defeitos que conseguissem achar. E como acharam! Agora, todos de quem você se alimenta têm nariz arrebitado, seios tamanho 44 (48 em Hollywood), corpos livres de gordura, abdomes duros feito pedra e rostos tão esticados que Michelle Obama poderia usá-los para passar seu vestido Jason Wu. Para humanos, isso tem sido uma liberação mais poderosa que o fim da Segunda Guerra Mundial.

Sei que para muitos de vocês a questão do envelhecimento tem sido sempre algo difícil de gerenciar. Quantas vezes, ao longo de tantos séculos, as pessoas não os puxam de lado em festas para saber como continuam tão jovens. Será um creme especial? E qual o segredo de permanecer tão esguio?

Graças à cirurgia plástica, tais perguntas tornaram-se largamente irrelevantes. Queridos, devemos muitos agradecimentos a esses médicos mortais. Agora ninguém mais envelhece. Todos possuem pele fresca e viçosa como as pétalas de uma rosa recém-colhida e uma cintura que é toda músculo, destituída de gordura localizada. Ficamos assim completamente livres da pressão. Louvado seja o diabo! (Sim, ele existe e não é tão mau quanto se poderia pensar de um sujeito que queima as pessoas no inferno como hobby. Sim, é um hobby. Seu verdadeiro trabalho é em um escritório de advocacia.)

Claro que, belas para sempre, nós, mortas-vivas, não necessitamos do "corta e estica". Céus, como as viventes nos invejam. Entretanto, sendo a cirurgia plástica, atualmente, um requisito compulsório da existência humana, se pretendemos conviver com os mortais e deles nos alimentar, precisamos anunciar que vamos nos submeter a algum procedimento ou pelo menos fingir. Portanto, é essencial, em algum ponto de sua vida eterna, vocês mencionarem estar de partida para umas férias no Brasil.

Todo humano compreende que "ir ao Brasil" é um código para lifting e não farão mais perguntas. (Mesmo pessoas que moram no Brasil dizem que estão indo para o Brasil.)

Na primavera, aconselho-as, enfaticamente, a usar cinta cirúrgica e deixarem-na estrategicamente à vista para indicar haverem se submetido a uma lipoaspiração, preparando-se para o verão. Isso servirá para explicar aos viventes suas medidas vampíricas perfeitas. Sei que tais modeladores de lycra coçam, mas nada de evitá-los. Se nossa gloriosa irmã morta-viva Cindy Crawford pode fingir ter se sujeitado à lipoaspiração para explicar o corpaço, você também pode.

Em conversa com uma fêmea humana, é inteligente mencionar o quanto se sente aliviada por suas coxas não mais roçarem uma na outra — *desde a ida ao Brasil*. Fêmeas humanas são incrivelmente fofoqueiras e dentro de cinco minutos todo mundo no escritório saberá da novidade, poupando-a de ter de inventar respostas para perguntas sobre quais exercícios para a parte interna das coxas você não faz.

Uma palavra especial às minhas queridas vampiresas adolescentes. Por favor, um dia cheguem ao colégio com um curativo no nariz, indicando plástica. Depois de duas semanas, removam-no. Parabéns! Vocês agora se juntaram à tribo mundial de adolescentes ansiosos, e terão trânsito livre entre eles. Mordam à vontade, meus anjos!

Sei que muitos de vocês se sentem desapontados por nunca necessitarem de cirurgia plástica, porque assim não terão oportunidade de se deliciar com uma suculenta transfusão de sangue.

Mas queridos, foi para isso que o diabo criou os humanos.

COR

Se pudessem, os vampiros usariam apenas preto. Sim, entendo, é uma cor que nos deixa ameaçadores, sexy e fatais. Infelizmente, o mesmo vale para o resto do mundo. Portanto, meus queridos mortos-vivos, será necessário que repensem seu guarda-roupa. Não se desesperem, é em seu próprio benefício!

Especialistas humanos descobriram que a cor é uma ótima maneira de levantar o visual e animar o espírito. No fundo do poço porque perdeu dinheiro na recessão? Ponha uma camisa Thomas Pink listrada ou uma echarpe florida Liberty. Quem está se sentindo melhor agora? Você!

Mortais também reagem àqueles de nós que julgam apetitosos, o que, aos seus olhos, significa cor. Portanto, eis outro motivo para banir o preto. Já que estamos falando no assunto, basta de branco. Embora a Gap ofereça lindas camisas brancas a um preço razoável, o contraste com nosso rosto pálido faz Amy Winehouse parecer decididamente bronzeada. Os humanos não os suporão mortos-vivos, saberão com certeza.

As cores que mais lhes favorecem são as pastel, como azul-bebê e violeta, cores que lançam uma luz delicada às suas faces e lhes concedem um pouco de emoção. Se vocês são verdadeiramente ousados, gosto de um terno Ozwald Boateng em um tom terroso para homens e um vestido Pucci para mulheres, todavia prepararem-se para serem notados pelos humanos quando entrarem em algum lugar. Um traje colorido os destaca imediatamente, e é possível que tenham de morder e matar mais rápido do que de costume.

Quem trabalha em finanças internacionais deve considerar um terno azul-marinho da Brooks Brothers ou Savile Row. É um look elegante sem ser ameaçador, que lhe permitirá se misturar aos presentes em qualquer conferência maçante presidida por Bill Gates ou por Bill Clinton.

Outra cor que funciona espetacularmente com pele desbotada é o pink. Tonalidade sedutora porém refinada, adequada tanto para o escritório quanto para um romântico jantar a *deux*. Penso em um gracioso duas-peças Chanel.

E o vermelho?, me indagam. Vermelho simplesmente é a cor mais bela jamais criada. A cor do sangue e do guarda-roupa de Nancy Reagan na Casa Branca.

Valentino faz uma maravilhosa linha romântica de vestidos de gala vermelhos. Possuo dez. "Vermelho tem substância... é intenso, forte, dramático", disse o estilista certa vez. (Como ele sabe que vermelho é também a cor das vísceras? Ah, queridos, deixo a seu cargo responderem.)

Os vestidos de Valentino realmente custam milhares de dólares, mas, se há uma ocasião especial se aproximando, como um casamento ou coroação, aconselho-as a darem-se ao luxo.

Ninguém nunca tem uma segunda chance de causar uma marcante primeira impressão. E o homem que você fascinar hoje na festa pode ser aquele que você sangrará amanhã.

COSMÉTICOS

Minha mãe sempre dizia: um pouco de batom não faz mal a ninguém. Entretanto, no nosso caso, precisamos de mais do que um pouco, ou podemos muito bem trazer escrito na testa:

Dentro de instantes estaremos lhe sugando a vida.
Por favor, entre na fila.

A melhor parte de ser morta-viva, claro, é nunca engordar. A mais dura? Parecer morta. Queridos, de uma coisa tenho certeza: é impossível ser elegante e glamourosa enquanto se personifica um cadáver.

É aí que entra a maquiagem.

Batom, base, rímel, blush e esmalte disfarçarão pele lívida, olhos vazios, olheiras e unhas translúcidas de tal forma que os humanos nunca a imaginarão já haver passado para o nosso lado. O item essencial? Base. Pense nela como a estrela de seu time de futebol. Acho que o ideal é usar dois tons mais escuros do que você supõe necessário, porque vampiros frequentemente não percebem quão brancos e pálidos são. (Os humanos chamam isso de negação. Pois chamo de não se ver à luz do dia em momento algum, e *não é culpa sua.*)

Aplique blush generosamente em toda a face; tampouco economize no corretivo. Humanos acreditam que os olhos são as janelas da alma. E nós sabemos que os humanos são as portas para o jantar. A fim de abrir essas portas, temos de cobrir nossas olheiras. Delineador preto e esmalte azul/preto podem ficar sexy em mortais, porém, sinto muito, abstenha-se da dobradinha. A última coisa de que precisamos é de publicidade.

Um magnífico batom vermelho a fará parecer mais viva e desejável que dez cafés expressos. Portanto, não seja tímida. Lábios vermelhos sempre significaram sensualidade, e nós, vampiresas, não somos exceções. É uma jornada curta dos lábios ao pescoço, de modo que fazer tudo ao seu alcance para despertar nos outros o desejo de beijá-la vai além do sexy, é uma questão de sobrevivência.

Em se tratando de batons, gosto de Chanel e Bourjois, mas qualquer tipo com uma boa fixação serve. Quanto às vampiresas adolescentes, se seu criador não as quer usando batom ainda, um bonito gloss vermelho da Clinique funcionará perfeitamente.

E, queridas, considerando quão importante é uma maquiagem bem feita, sou tremendamente a favor de que visitem sua loja de departamentos favorita para uma aula complementar de automaquiagem. Nada de pânico. Vocês não fazem ideia de quantas vendedoras — da Estée Lauder, Lancôme, M•A•C e Revlon — *são como nós*. Existe melhor maneira de ter à mão ótimos cosméticos e ainda comprar com desconto?

Muitas de vocês se perguntarão: precisamos de hidratante? A resposta é sim. Sua pele pode ser perfeita, pois nunca envelhece, todavia o hidratante lhe confere aquele aspecto fresco e viçoso de uma atriz de Hollywood que não é somente popular, mas *viva*. Apenas certifique-se de que a marca escolhida tenha filtro solar. Creio que todas sabemos como essa história termina quando não tem.

CREPÚSCULO

Querido Edward Cullen, obrigada! Você é o vampiro mais famoso de nosso tempo e nos tem enchido de orgulho. Quatro livros foram escritos a seu respeito e todo mundo o adora. Você é o vampiro adolescente mais bem-vestido que jamais vi em qualquer lugar. Aquela jaqueta cinza de lã, de corte perfeito, e o terno de tweed são o máximo. Sensuais, marcam uma tendência. Você chega a cintilar vestindo-os com estilo. Conheci algumas fadas que cintilam, porém elas precisam de tutu, varinha mágica e coroa para realmente ter sucesso.

O que podemos dizer mais? Apenas lamento que *monsieur* Dior não esteja aqui para conhecê-lo.

Contudo, Edward, falemos de sua namorada.

Bella, querida, digo isso porque me importo. Se você vai ser amante do vampiro mais desejado do mundo, será necessário fazer-se glamourosa. Casaco de capuz? Tênis no baile de formatura? Aquela mesma jaqueta marrom sem graça dia após dia?

Não há nada pior do que um casal em que um é decididamente mais chique que o outro. Portanto, vamos conversar. Você não tem de jogar todo seu guarda-roupa fora, e sim ampliá-lo. Percebo que sapatos sem salto lhe agradam, então que tal trocar os tênis por sapatilhas Marc Jacobs? Precisando de uma capa? (Golly Forks é chuvosa, não?) Burberry tem maravilhosas jaquetas acolchoadas. Você não me parece o tipo de garota "Birkin" da Hermès. Por que não uma bolsa de lona Anya Hindmarch? Não é um acessório muito fashionista, contudo é bem *cool*.

Reconheço que você é jovem, apaixonada, e digamos que não lhe sobre muito tempo para fazer compras. Entendo. Sendo assim, posso sugerir compras online? Experimente Topshop. com, eBay e Net-a-Porter.

E depois que se tornar vampiresa, (bem-vinda, querida), recomendo, enfaticamente, que estude este livro com atenção.

Por favor, não tome os Volturi como modelos tão logo ganhe a imortalidade. Sei que são influentes e causam uma tremenda primeira impressão. Todavia, quantos clichês pode um vampiro usar em um dia? Afinal, eles moram na Itália. Não é possível que o sr. Armani não se disponha a lhes enviar algo menos datado, não é? Tentei lhes falar sobre o assunto, mas você conhece os homens.

Eles nunca escutam.

Enquanto isso, estou lhe mandando um presente. Uma assinatura da *Teen Vogue* a título de inspiração.

D

DECORAÇÃO DE INTERIORES

Segundo um velho ditado, o lar de um homem é seu castelo. Humanos adoram exagerar, não é? (Vejam os homens humanos e suas proezas sexuais.) Na realidade, a maioria dos viventes, exceto a realeza, não habita castelos, diferentemente de muitos de nós. E, assim como seu guarda-roupa necessita de apuro, o mesmo se aplica à sua casa. Portanto, é hora de se livrar do decrépito e penumbroso hall de entrada, daquelas velas gotejantes e espectrais, do fosso medieval. Martha Stewart redecorou sua mansão em Connecticut para fazê-la parecer uma aconchegante casa de campo americana e realizou um trabalho tão lindo que agora ninguém a supõe vampiresa.

É importante lembrar-se de que, a exemplo de sapatos e bolsas, o lar reflete quem você é. Coco Chanel morava no Ritz, mas era seu apartamento sobre a loja na Rue Cambon, com aqueles biombos sexy chineses, que nos dizia tudo, *non*?

Sua casa é importante por outro motivo também. Se for atraente e aconchegante, os humanos se sentirão bem-vindos, por lá ficarão e você se alimentará.

Eis alguns itens-chave para colocar em seu castelo, de modo que não inspire medo nos viventes: papel de parede feio, carpete áspero, sofá IKEA, pôsteres de festivais de cinema aos quais ninguém jamais foi, suvenires inúteis trazidos das férias na Europa, estatuetas de gatos de porcelana e pelos de cachorro no sofá. Não é preciso arranjar um cão, todavia é imprescindível espalhar pelos desse animal estrategicamente em todo canto. Vendo-os, os humanos confiarão em você implicitamente, porque acreditam que donos de cachorro são as melhores criaturas vivas. Não se preocupe que Richard Nixon tenha tido um cão, ou que Paris Hilton use um deles como namorado. Quando humanos metem uma ideia na cabeça, nunca mais a abandonam.

    O importante ao redecorar é a consistência. Se seu novo lar pretende ser agradável aos humanos, então, infelizmente, algumas coisas terão de ir para o depósito. Aqueles que conservam instrumentos de tortura feito a roda em seu castelo na Transilvânia saibam que não combinará com sua nova residência estilo Frank Gehry em Malibu. Tentem uma Jacuzzi. E, por favor, não se esqueçam da cozinha. Sim, sei que vocês não cozinham, porém os viventes consideram a cozinha o coração da casa. Mantenho constantemente a cafeteira ligada, caixas de cereal no armário e um pedaço de pizza velha na geladeira. E garanto-lhes, isso sempre funciona!

    Caso consigam persuadir um humano a passar a noite, espero que o quarto reflita seu novo compromisso com o chique. Por estar dormindo, talvez vocês pensem que a decoração do caixão não importa. E se o féretro estiver enfeitado com lençóis Guerra nas Estrelas e fronhas Hello Kitty? (Conheço-os bem, meus caros.) E se aquele cobertor não é lavado há séculos?

Queridos, estilo não é só quando as pessoas podem vê-los. É um estado mental. Durmam na moda e estarão na moda. Não quero nunca nem sequer imaginar que um convidado passou a noite em sua casa e seu ataúde parecia datado.

Pratesi e D. Porthault oferecem uma maravilhosa roupa de cama, cuja lavagem é perfeita. Só não se esqueçam de forrar o fundo do caixão com plástico para protegê-lo de qualquer derramamento de sangue. Do contrário, será necessário levá-lo para uma lavagem a seco, e o último vampiro que fez isso não tornou a ser visto desde então.

DIETAS E EXERCÍCIOS

Duas vezes ao ano em capitais da moda como Nova York, Londres e Milão, humanos realizam um importante ritual denominado Fashion Week. Nesse evento, mortais tremendamente chiques sentam-se e assistem a uma espécie chamada *modelos* deslizar pela passarela usando as propostas elegantes para a estação seguinte. Essas modelos são consideradas os mais valiosos espécimes da raça humana por exibirem uma característica extremamente importante.

Magreza.

Ser magra é o alfa e o ômega da existência humana, porque tudo o que você veste fica fabuloso.

Humanos prezam a magreza acima de qualquer outro traço que possam possuir.

Einstein era um gênio, porém não lhe rendem o respeito supremo por não ter sido magro.

Oprah é a rainha da televisão, entretanto jamais será cultuada como realeza porque não é magra.

Neil Armstrong foi o primeiro homem a pisar na Lua, todavia nunca ocupará verdadeiramente seu lugar na História porque não conseguia enxergar as próprias costelas.

Napoleão era gorducho demais para inspirar reverência, mas Gandhi — sendo magro — sim.

Por que Barack Obama ganhou o Prêmio Nobel da Paz? Porque levou a paz a nações em guerra? Não. Porque é esguio.

Modelos, portanto, são mais importantes do que Einstein, Neil Armstrong e Oprah.

Assim como os antigos egípcios idolatravam gatos, os humanos modernos de hoje curvam-se diante de modelos com nomes tipo Kate Moss, Twiggy e Gisele.

Quão afortunados somos então. Em uma única mordida nos é inoculada a magreza eterna! Já pensaram o quanto os humanos invejam o fato de não comermos, de nunca precisarmos de alimento, de nunca termos de nos submeter à lipoaspiração e de sempre cabermos no manequim 38?

Se é assim, vocês me indagam, por que um capítulo sobre dietas e exercícios, considerando já havermos atingido o desejável padrão de magreza e nossos poderes vampíricos nos fazerem mais fortes e rápidos do que aqueles patéticos mortais jamais poderiam sonhar?

Queridos, aproximem-se.

É verdade que devemos entrar em uma academia ou comprar livros sobre dietas. Somos absoluta perfeição! E para sempre!

Entretanto, se vocês pretendem se integrar ao mundo fashionista, é mister saber falar a língua das dietas e dos exercícios, considerando serem tópicos que ocupam 90% do tempo de um mortal chique.

Se vocês se encontram conversando com um humano que desejam morder na Fashion Week de Nova York, em uma festa de gala da alta sociedade de Paris ou em um casamento real em Londres, lembrem-se de pontilhar a conversa com as seguintes frases, para garantir o sucesso.

Você está tão magra! Vamos dançar?
Pareço gorda neste vestido?
Minha cinta está me matando!

Após tais intervenções, os viventes se sentirão extremamente próximos de vocês. Eles chamam isso de "vínculo", e é bastante provável que concordem em acompanhá-los até sua casa. É sua oportunidade tanto de se alimentar em um corpo fresco como de passar adiante a dádiva da magreza eterna, trazendo-os para sua família de mortos-vivos.

Confiem em mim, façam os humanos magros e eles os amarão eternamente.

Também recomendo que entrem em uma academia de ginástica, pois as oportunidades de se alimentar ali são fantásticas, principalmente à noite, quando aquelas donas de casa desesperadas e os desempregados preguiçosos já se foram. À noite, as academias pululam de jovens mulheres profissionais e casadoiras, cujas veias pulsam com adrenalina e ambição, e de homens vaidosos, com bíceps repletos de veias frescas e salientes. Embora seja grosseiro perguntar a alguém se está usando esteroides, uma olhada rápida geralmente fornece a resposta. Evite tais humanos. Apesar de bem fornidos de sangue, o gosto é de papel-alumínio.

Mesmo que nós, mortos-vivos, não precisemos nos exercitar, não podemos simplesmente matar tempo na academia. Infelizmente, malhar e vestir-se adequadamente para justificar sua presença ali é um requisito indispensável.

De modo que coletes de veludo ou camisas engomadas na aula de spinning estão terminantemente proibidos.

Para homens, bermuda de ciclismo azul ou vermelha, que não deixa nada para a imaginação, e camiseta. Mulheres: legging e top decotado, que também exibem tudo, devem dar conta do recado.

Para enganar humanos, induzindo-os a crer que vocês levam fitness a sério, façam aula de aeróbica, ou de musculação, e não se esqueçam de gemer frequentemente, e alto, para mostrar que estão se exercitando. Simultaneamente, admirem-se no espelho sem cessar. Para mortais curiosos demais sobre sua força, alardeiem estar se preparando para correr uma maratona.

Terminado o treino, finjam-se exaustos, rumem para o vestiário e então andem nus de lá para cá por uns cinco minutos, antes de tomar banho. Mantenham-se distante dos gordos e em más condições físicas nesses estabelecimentos. Embora mereçam elogios por tentar entrar em forma, seu estado atual os torna inadequados como fonte de alimento. Graças a uma dieta à base de fast food e de televisão, suas artérias acham-se entupidas e o sangue não flui suavemente ao ser sugado.

Sua prioridade são os malhados e sexy, cujos batimentos cardíacos são baixos quando em repouso, e o sangue, de consistência deliciosa, escorre como água. Conhecê-los não constitui problema algum. Tais humanos reagem maravilhosamente à paquera, ao jogo de sedução e à boa educação, como por exemplo secar a esteira antes de a próxima pessoa subir.

Por fim, uma advertência.

Vocês certamente já ouviram mortais exaltando as virtudes da ioga, antiga prática indiana de poses destinadas a colocá-los em harmonia com o universo.

Essas aulas são uma séria perda de tempo para nós. Humanos que praticam ioga são tão relaxados que não oferecem resistência quando começamos a mordê-los, o que elimina toda a alegria do ato. Apenas viventes que sintam o mais absoluto medo e terror em nossa presença são merecedores de atenção, não importando quão vigorosos sejam, ou quão suculento seja seu sangue.

DIOR

Monsieur Christian Dior era e é o príncipe, o rei, o imperador da moda. Embora não tenha nascido vampiro, inspirou-se tremendamente em nós e assim devemos retribuir a delicadeza. Para quem mais ele teria criado seu famoso "New Look" senão para as mortas-vivas? Quem mais possuiu a cinturinha de pilão, a sensualidade ardente e os lábios vermelhos-sangue para exibi-la como nós?

Sempre que você estiver diante de seu closet, insegura sobre o que vestir, indague-se o que *monsieur* Dior escolheria. Se mantiver essa pergunta na ponta da língua, nunca será vista no meio de humanos usando jeans desbotados, ombreiras bufantes ou saias que sugiram que sua ocupação não seja legal. Como disse ele certa vez, de forma memorável: "Simplicidade, bom gosto e esmero são os três fundamentos do vestir-se bem, e não custam dinheiro".

Sugiro que vocês copiem essa frase e a colem na geladeira cheia de sangue congelado.

Agora, minhas queridas, todos sabemos que *monsieur* Dior já passou desta para o céu da moda e que no século XXI *monsieur* John Galliano tornou-se o novo príncipe da Casa. E que príncipe meritório ele é! O drama de seus vestidos de alta-costura, a cor, o corte!

Se já não estivéssemos mortas, morreríamos por seu belíssimo trabalho.

Moda, disse Galliano, "tem de ser ousada, tem de lhe conferir autoestima. Você tem de criar uma obra de arte, uma espécie de terapia, de cirurgia radical — esculpindo o corpo —, ser o encontro perfeito e uma armadura, tudo ao mesmo tempo!"

Em outras palavras, não vale a pena usar nada a menos que você pareça fabulosa e os humanos não consigam resistir-lhe. Apesar de *monsieur* Galliano gostar de se vestir como pirata, sua verdadeira afinidade, a exemplo de seu predecessor, é conosco, os imortais. As luvas compridas, as jaquetas de cintura marcada, os vestidos de baile vermelho-sangue na passarela... Humanas não acham que essas coisas são para elas, certo?

Agora, homens, anotem. O pessoal da Dior Homme usa um vampiro como modelo de prova, portanto vocês não precisam nem sequer experimentar aquelas calças skinny.

Simplesmente tirem-nas das araras e rumem para o caixa, juro que vestirão como uma luva. Tenham cuidado para não arruiná-las com manchas de sangue. São calças que quererão usar para sempre.

Particularmente, meu coração disparou com a coleção de joias *Dior Fiancee Du Vampire* (Noiva do Vampiro), e o mesmo acontecerá com o seu, muito embora em nosso peito nada pulse. Anéis com deliciosos corações rosados, colares gotejando sangue; esses são presentes que todo criador procura para dar à sua protegida no dia dos Namorados. Joias sangrentas! O que diz "eu te amo" mais eloquentemente?

E

ESPELHO

Espelho, espelho meu, existe vampiresa mais chique do que eu? Sim, faça essa pergunta ao seu espelho, e é melhor que a resposta seja *não*. Mortais acreditam que não podemos nos ver refletidas no espelho, e que sorte a nossa por pensarem assim! Afinal, quando depararem conosco no banheiro de uma boate passando batom, não alimentarão a menor suspeita de que planejamos nos regalar com o sangue deles depois. Oh, como me deleito com a estupidez humana em toda sua glória!

Na realidade, houve uma época em que tinham razão. Séculos atrás, quando a parte posterior dos espelhos era recoberta por uma camada de prata, de fato não podíamos enxergar nosso próprio reflexo. Vestir-nos e aplicar maquiagem naqueles dias costumava ser muito difícil. Constantemente precisávamos indagar às outras vampiresas: "É a bolsa certa para esta roupa?" "Tenho batom nos dentes?", ou "Esta gravata combina com o paletó?"

Felizmente, a única coisa de que os viventes gostam mais que sexo é poupar dinheiro, assim trocou-se a camada de prata por alumínio, um material mais barato. Problema resolvido! Agora vocês podem constatar que vestir Cacharel e Thakoon juntos não funciona, mas combinar Dries Van Noten com Topshop talvez saia melhor do que se imagina. Sombra verde e rímel roxo sempre parecem sexy em modelos humanas nas páginas da *Vogue*, porém o espelho lhe mostrará que aquilo que funciona nas revistas nem sempre se aplica às mortas-vivas.

Naturalmente é necessário continuar mantendo distância dos palácios mais antigos na Europa, pois os espelhos com a parte posterior recoberta de prata continuam sendo um grande problema. Não há nada pior do que turistas, ao retocarem os cabelos no Hall dos Espelhos em Versailles, lhe perguntarem: "Como consigo me ver e não enxergo você?" Sua resposta deveria ser: "Oh, estou aqui, mas sou tão magra que minha imagem não é registrada. Seu reflexo aparece porque... você sabe... "Podemos dizer qualquer coisa às humanas, menos que são gordas. Portanto, garanto-lhes, a conversa acaba ali.

ESTAMPAS DE ANIMAIS

Humanas seguem um tipo especial de lógica para vestir-se que mesmo se eu vivesse centenas de anos — oh, veja só, pois não é que tenho vivido?! — jamais entenderia. Um de seus hábitos mais interessantes é personificar animais, geralmente vaca, tigre, onça ou leopardo. Gostam de passear pelas ruas, em plena luz do dia, calçando escarpins com estampa de leopardo, trajando vestido rajado ou casaco malhado. E para completar, porque acreditam que mais é mais, arrematam com uma bolsa de pele de cobra ou de jacaré.

Mon Dieu!

O problema, queridas, é que onças e leopardos não costumam andar pelas ruas de Nova York, Roma, Paris ou Londres. Assim, elas não parecem elegantes, apenas delirantes.

Então por quê? Por que usar algo que a deixa mais avantajada do que você é, se não existe nada que aterrorize mais as mortais do que parecer gorda?

Porque no fundo os humanos são criaturas mansas, e vestirem-se como animais selvagens os levam a se acharem fortes. Permite àquela secretária feiosa e ao funcionário desmazelado do correio sentirem-se sexy. Dá-lhes licença para ronronar e grunhir como gatinhas sensuais, ou rugir como um tigre, ainda que sentados atrás de uma mesa diariamente, ouvindo o tique-taque do relógio lembrar-lhes que suas vidinhas miseráveis têm um derradeiro encontro marcado com a morte.

Daí você vê pelas ruas o guarda-roupa de Tarzan e Jane.

Tantas vezes, ao longo de tantos séculos, precisei morder, drenar e matar humanos usando estampas de animais simplesmente para tirá-los de circulação e livrar o mundo de uma moda de mau gosto.

Houve um caso particularmente infeliz — em um Festival de Cinema de Cannes — do qual nunca me esqueço. Uma atriz, bastante conhecida, pisou no tapete vermelho, na grandiosa noite de abertura, usando um vestido de gala com estampa de leopardo, sapatos do mesmo tecido, bolsa imitando pele de tigre e luvas de oncinha. Então, repentinamente, quando as luzes se apagaram, ela desapareceu, pondo a imprensa em grande alvoroço. Até hoje não foi encontrada.

A todos os presentes no festival daquele ano, digo apenas uma coisa:

De nada.

Agora, queridas, aproximem-se. Se algum dia eu as pegar, qualquer uma de vocês, vestidas como leoa, ovelha ou jacaré, me encarregarei, pessoalmente, de lhes cravar uma estaca. E nem pensem em sair à rua feito lobisomem, pois, asseguro-lhes, eles não acharão nada divertido.

A coisa importante a saber é que, a despeito da tentação, vocês não têm a menor necessidade de ser um animal, pois seus impulsos selvagens são inatos. Não há necessidade alguma de tentar se mostrarem mais sensuais porque, quando a sede de sangue é sua profissão, já se é naturalmente sexy até a raiz dos cabelos.

Sua única tarefa consiste em tornarem-se mais atraentes para os humanos vestindo-se bem. Personificar tigresas, ou ursas, não lhes arrumará emprego, nem as ajudará a seduzir uma vítima. Esse é o trabalho de Versace e de Balmain. Saracotear por aí parecendo uma onça servirá apenas para atrair caçadores, que sentirão enorme prazer em lhes dar um tiro antes de dependurar sua cabeça na parede de um chalé de esqui.

Queridas, essa seria uma tragédia que nem os gregos da Antiguidade poderiam escrever.

ESTILISTAS

Falemos um pouco sobre seu *criador*. Aquele morto, ou morta-viva, que lhes concedeu a maior de todas as dádivas — converteu-os em vampiros. Quão generoso tal ato, e quão deliciosamente violento. Sinto-me impelida a cantar só de pensar nisso. Seu criador mudou sua vida para melhor, deu-lhe formas com as quais os humanos podem apenas sonhar. Magros para sempre. Vivos para sempre. Sexy por toda a eternidade. Morra de inveja, George Clooney. (Ele queria ser um de nós.)

Todavia vocês necessitam de um segundo tipo de criador: um *estilista*. Humanos (Olá, Stella! Bom dia, Ralph!), ou vampiros (*Ciao*, Donatella! *Bonjour*, Nicolas!), são pessoas especiais que os vestirão com roupas tão perfeitamente elaboradas, tão belamente confeccionadas, que os viventes os desejarão além de suas mais loucas fantasias. Hoje, entretanto, qualquer um — e até seu cachorro — declaram-se estilistas, porque a moda está tão em alta que ninguém quer ficar de fora. Bem, o fato de alguém assistir aos episódios de *Plantão Médico* não o transforma em médico, não é?

Cuidado com quem se designa estilista e cujo emprego, na realidade, é o de estrela pop, apresentador de *reality show*, ator, atriz, esposa de jogador de futebol, primeiro-ministro ou Lindsay Lohan. As roupas dessa gente não os ajudarão em sua missão de se alimentar. As saias e as camisas não cairão bem, e todos no seu covil saberão que vocês foram ludibriados por um amador. Usar roupas que conferem uma aparência vulgar é bom para humanos, porém o destino de vocês vai além dos jeans JLo. Suas vidas precisam ser tocadas pelo drama de um longo Dior, pelo romance de um vestido Chloe, pelo intelecto de uma saia Prada e pela sensualidade de um terno Gucci. Vale a pena viver para sempre sem que a pressão suba ante a beleza de Dolce & Gabbana, Vivienne Westwood ou Marni?

E muito embora os Estados Unidos tenham dado ao mundo fast food, George Bush, Sarah Palin, além de transmutar Arnold Schwarzenegger em astro de cinema e governador, compensaram dando-nos estilistas maravilhosos como Marc Jacobs, Donna Karan, Michael Kors, Calvin Klein, Ralph Lauren e Narciso Rodriguez. Confie na indústria da moda para reparações.

Lembrem-se, queridos, vistam-se para matar, e matem (caso necessário) para vestir-se.

Estilistas também podem atuar como seus *criadores*. *Farão* seus corpos parecerem incríveis, seu astral espetacular. Seus amigos humanos entrarão na fila para serem mordidos. Qualquer vivente adora se gabar, e jactar-se de haver sido atacado por um vampiro que veste Louis Vuitton não é uma simples anedota para se contar em uma festa, mas algo capaz de mudar sua vida. Perguntem a Hillary Clinton. O que vocês acham que ela disse ao Bill a primeira vez em que o viu? E veja onde Hillary está hoje. (Ele nunca lhe contou sobre ter sido mordido por uma vampiresa que vestia Versace porque já tinha passado tempo suficiente dormindo no sofá.)

ETIQUETA

Humanos consideram boas maneiras extremamente importantes, e têm escrito inúmeros livros sobre o assunto. Acreditam que etiqueta e comportamento adequado abrem muitas portas, e embora saibamos que os viventes podem, às vezes, ser ridiculamente dramáticos — toda aquela gritaria sempre que são mordidos, como se estivessem na final da Copa do Mundo, sentados na arquibancada com os *hooligans* —, neste caso estão certos.

Quer vocês estejam se preparando para se converter, quer já sejam mortos-vivos, boas maneiras são, e sempre serão, o passaporte para o sucesso. Porém, queridos, não estou falando da definição humana de sucesso, que envolve jatinho particular, amante loura e fundo de investimento.

Refiro-me ao sucesso morto-vivo — jantar com todas as gotas nos is.

Aqueles com mais de cem anos, cujas maneiras são impecáveis, podem pular para o próximo capítulo. Vocês já estão comprometidos a lembrarem-se das palavras e frases-chave: *Por favor, obrigado, desculpe-me, primeiro você, seja bem-vindo.* Vocês já sabem como abrir a porta para uma dama, apertar a mão de um homem, puxar a cadeira para uma convidada e fazer um elogio mesmo à pessoa mais feia da sala. (Isso porque as aparências às vezes enganam. Na realidade, as irmãs de Cinderela tinham gosto melhor do que o dela.)

Os transmudados no século passado, e em particular na última década, possuem modos que exigem algum refinamento. Portanto, meus queridos jovens, juntem-se aqui e prestem bastante atenção no seguinte:

Só porque se suga o sangue de alguém não quer dizer que não se deva pedir educadamente.

"Que prazer conhecê-la. Tenho visto/lido/observado você. Vamos dançar? Posso chegar mais perto? Posso dar um chupão nessa veia?"

Se a sede de sangue está começando a dominá-lo e é imprescindível alimentar-se imediatamente, agradeça ao terminar. Se sua vítima fugir antes que você tenha chance de expressar seu apreço, enviar um cartão dizendo "obrigado" é sempre um toque simpático. Não sou muito fã de passar e-mails de gratidão. As pessoas costumam deletar e-mails, e assim não há registro permanente de quão polido você é.

Caso mate a vítima durante o ato de alimentar-se, é gentil ir ao enterro. Se não for possível comparecer, envie uma coroa de flores. Um obituário no jornal, escrito de próprio punho, também é atencioso.

Não ouça música no iPod alto demais no trem ou no ônibus. Humanos consideram isso uma ultrapassagem dos "limites" e não serão propensos a fazer amizade, caso você não demonstre respeitar o espaço pessoal. Por outro lado, se um mortal estiver ouvindo Britney Spears ou os Jonas Brothers muito alto perto de você, é educado matá-los na próxima parada.

Assim como as mulheres humanas fingem orgasmo, nós, os mortos-vivos, devemos simular determinados comportamentos para progredir no mundo. Ainda que você não coma nada nunca, sempre coloque o guardanapo no colo em um jantar, e use os talheres de fora para dentro. (Simplesmente empurre a comida de um lado para o outro no prato. Todas as mulheres humanas fazem isso.)

Viventes nunca gostam de discutir política, sexo, dinheiro ou religião, exceto na tevê, onde não conseguem parar de falar nisso. De forma que, a menos que você seja apresentadora de um programa na CNN, mantenha distância desses assuntos na próxima festa. O que sobra então? O único assunto sobre o qual os humanos tagarelam sem parar, com qualquer pessoa, e por horas a fio.

Eles mesmos.

Humanos adoram discorrer sobre suas vidas, amores, defeitos, dietas, filhos, chefes e, mais decisivamente, sobre seus *sentimentos*. Mortais dispõem de tantas informações sobre si mesmos ao alcance das mãos devido a um hobby moderno compartilhado por todos chamado terapia.

Não creio que nosso irmão morto-vivo Sigmund Freud compreendesse verdadeiramente o que estava fazendo quando desatrelou essa coisa maléfica no divã. Bem que o aconselhei a ter cuidado, porém alguns vampiros psicanalistas acham que sabem tudo.

Por conseguinte, ponha a família disfuncional para matraquear e você nunca passará fome. Viventes emocionalmente perturbados se sentirão mais próximos de você e o convidarão às suas casas frequentemente. Dentre as perguntas importantes para despertar o interesse dos mortais, inclua:

✓ Sua família é disfuncional?
✓ Quem você culpa por suas inseguranças, sua mãe ou seu pai?

✓ Você consegue fazer sexo com a luz acesa?
✓ O que seu terapeuta diz sobre isso?

É considerado o ápice do refinamento fazer quaisquer uma das indagações acima. Sei, por meio de fonte fidedigna, que a rainha Elizabeth costuma lançá-las aos seus súditos enquanto os nomeia cavaleiros do reino.

É também importante ter respostas preparadas, caso os humanos indaguem a respeito de sua vida disfuncional. Entretanto, vocês estão proibidos de se submeter à terapia. Qual o propósito em falar incessantemente sobre como você nunca morre e nunca pode ver a luz do sol. Portanto, tratem de superar, queridos.

F

FAUX PAS

Vocês podem ser mortas-vivas, mas os outros ainda conseguem enxergar a marca da sua calcinha. Portanto não pensem que é possível esconder os erros da moda no escuro. Queridas, ser estilosa é um trabalho de 24 horas. Não existe tempo ocioso, mesmo para sanguessugas.

Eis o motivo pelo qual — embora centenas de erros da moda sejam cometidos pelo mundo afora diariamente — não lhes é permitido um único engano sequer. Seria um *faux pas*, uma expressão francesa que traduzida livremente soaria como algo assim: *Meu Deus! Você está horrível nesse vestido. E parece gorda!*

Gostaria que anotassem os seguintes *faux pas* da moda para evitá-los.

Vestir-se como vampiro, *quando se é vampiro.* Capas e espartilhos são demasiadamente óbvios nessa época e era. Um pouco de mistério, queridos, nunca faz mal.

Conforme anteriormente debatido, estampa de leopardo combina somente com leopardos, e babados jamais estiveram na moda, a menos que você seja pirata ou cantor de festas de casamento de 1967.

Você pode usar tartãs apenas se for escocês, ou se todo mundo ao seu redor estiver bêbado. E Crocs só se um médico qualificado o tiver avaliado e declarado mentalmente insano.

Calças de odalisca parecem pavorosas em gênios e em MC Hammer, portanto, por que supor que lhe cairiam bem?

Nada de tênis com trajes formais. Sei que muitos de vocês gostam de usá-los com um terno Tom Ford, pois são capazes de correr mais depressa depois de uma matança. Entretanto é um tipo de detalhe do qual a testemunha se lembrará e contará à polícia.

Tecido xadrez é reservado às cantinas italianas, que servem turistas americanos gordos.

Ainda que você seja vampiro havaiano, nada de camisas havaianas. Abacaxis e barcos? Sério? Nem sequer os zumbis são tão estúpidos a ponto de adotar esse look.

Vestir Burberry da cabeça aos pés é uma dica de que você é uma impostora da moda, ou esposa de jogador de futebol, ou ambos.

Fixar-se em uma tendência até muito depois da moda já ter passado. Jeans cintura baixa são tão anos 90, queridas.

Moda refere-se a estilo, não a slogans. Assim, nada de camisetas com estampa de Che Guevara, ou do tipo: "Meu primo foi à Inglaterra e tudo o que ganhei foi esta camiseta horrenda". Seu primo pode ser um pão-duro que compra os presentes no aeroporto de Heathrow, mas você não tem de aumentar ainda mais o estrago.

FÉRIAS

Oh, caramba, como humanos adoram viajar! Nos séculos passados, viventes, a exemplo de Marco Polo, de Cristóvão Colombo e do capitão Cook, zarpavam em caravelas e exploravam novos mundos, como China, América e Austrália. Eram destemidos, capazes de enfrentar fome, doença e furacões. De fato, admiro bastante aqueles humanos. Não há alegria maior do que arriscar a vida em alto-mar, há?

Os humanos de hoje, contudo, só viajam quando munidos de algumas informações antecipadamente.

- ✓ Para onde vão e em que hotel irão se hospedar.
- ✓ Se há um McDonalds ou bar nas redondezas.
- ✓ Se o Louvre, as Joias da Coroa e a Capela Sistina estarão abertos a visitação.
- ✓ Se drogas ou prostituição são legais em seu destino para as férias.
- ✓ Se podem acumular milhas aéreas.
- ✓ Se podem comprar bebidas alcoólicas e perfumes nas lojas *duty free*.

Quando os humanos viajam, também adotam um código especial no vestir. Não importa quão estilosos sejam em seu local de origem, pois basta porem os pés noutro país para todos usarem calças de moletom, camisa polo, tênis e mochilas. É a lei. Se for verão, viventes também costumam usar short cáqui, camiseta e sandálias Birkenstock, especialmente nas visitas ao Vaticano.

Não é de estranhar que todas aquelas imagens estejam derramando lágrimas de sangue.

Embora seja tentador vestir-se assim para se misturar à multidão em férias, lembrem-se, vocês estão viajando para conhecer e sorver os suculentos nativos, não outros turistas. Portanto, quando em Berlim, vistam Jil Sander, e em Tóquio, tente Kawakubo.

Humanos gostam de dizer a si mesmos que viajam para expandir a mente. Porém é limitado o grau de cultura que seu cérebro consegue absorver. Assim, meia hora no Museu Picasso deve ser seguido de três dias na Disney Paris para suavizar o golpe. Uma visita à Casa Branca precisa ser contrabalançada com uma semana de jogatina em Las Vegas.

Para nós, viajar investe-se de uma proposta diferente. Como muitos de vocês conheceram Michelangelo e a rainha Vitória, não há necessidade nenhuma de ver seus retratos e suas casas novamente. Além do mais, as filas para entrar nesses lugares são ridículas. Não, meus queridos, vocês viajam por outro motivo. Para se alimentar de diferentes variedades de humanos enquanto, ocasionalmente, se atualizam em relação a algum período histórico perdido. De modo que se foram convertidos depois do século XVI, lhes é permitido ir a Roma para visitar o Coliseu. Afinal, vocês foram privados da diversão de assistir a leões comendo mortais.

Se seu criador não parar de se gabar sobre quão formidável foi a experiência de ser mantido preso em correntes na Torre de Londres, lhes é facultada uma visita ao local para constatar a razão de tamanho estardalhaço. Saibam que acabarão se desapontando, pois não há mais mortes acontecendo ali. Não obstante, garanto-lhes que o delicioso cheiro de sangue e de morte ainda permeia o ar. Se o aroma causar-lhe furor, sugiro, enfaticamente, distraírem-se comprando postais na loja de presentes.

Por favor, atenção: por mais atraentes que aqueles comerciais de tevê sejam, em nenhuma circunstância rumem para Caribe, Havaí ou Austrália. Sol demais. Foquem em lugares com longas, longas noites, a exemplo da Escandinávia. Confiem em mim, uma vez experimentado o sangue descendente dos vikings, todo o resto lhes parecerá insípido.

GJ

GAYS

Se você é um vampiro gay, você, dentre todos os mortos-vivos, não tem nenhuma desculpa para se vestir mal. Estilo está nos seus genes, nas suas veias, em seu outrora pulsante coração. Prada é seu nome do meio. Cada um dos mais importantes estilistas pertence à sua tribo. Não obstante, muitos dessa tribo são tão sem noção em termos de moda quanto os vampiros héteros.

De alguma maneira, durante a transmutação, o gene do estilo acabou desligado. Um efeito do vírus. Você agora adora calça cáqui, camisa de futebol americano e tênis. Usa a mesma camiseta cinco dias seguidos. O elástico da cueca está arrebentado e a sensação do poliéster contra a pele o delicia.

Deus do céu, você deseja se vestir como hétero!

Vejo-o assim e choro.

Querido, é necessário compreender que seu papel no universo vampírico é especial. Você não foi mordido simplesmente para aumentar nossas fileiras, e sim para parecer fabuloso e inspirar os colegas mortos-vivos de toda parte. Portanto, levante-se do caixão, abra as portas do seu velho closet e dê uma boa olhada nas roupas.

Algum terno Savile Row? Não? Por que não?

Cuecas Calvin Klein? É a única grife aprovada.

Algum agasalho com capuz? Se a resposta for afirmativa, jogue fora. Você é vampiro gay, não ladrão de bancos hétero.

Todas as camisetas são um número acima do seu? Pois trate de doá-las para uma instituição de caridade que vista humanos héteros e as substitua por outras da mesma marca e um número menor. Seu corpo fantástico é para ser exibido.

Você vive enfiado em um jeans baggy? Sim? Por acaso virou encanador? Calça jeans requer um caimento perfeito, e quanto mais revelar de suas intenções carnais, melhor. Grifes preferidas: Armani, Acne, Calvin Klein, D&G e Levi's.

Aqui vão as perguntas cruciais:

Você possui uma jaqueta de couro Dior Homme?

Suas gravatas são de seda e *Made in Italy*?

Você possui pelo menos vinte peças Prada, inclusive sapatos?

Se a resposta para qualquer uma das perguntas acima for "não", largue este livro e corra para o shopping center de luxo mais próximo. Não há absolutamente nenhum tempo a perder. É uma emergência.

Para lésbicas apenas: você é uma vampiresa deslumbrante, sexy, que ama mulheres, não um lenhador. Portanto, Dr. Martens é *out* e Jimmy Choos é *in*. Troque a camiseta suja e rasgada por uma delicada camisa com laço.

Um vestido Roland Mouret ou Alberta Ferretti é garantia de sexo e alimentação de todas as maneiras possíveis, mas ninguém quer ser vista na companhia de uma parceira metida em jeans desbotado, e muito menos ser mordida por ela.

Você é magra para sempre! Tudo lhe cai bem. Vamos lá, garota!

Quanto às *drag queens*. Conforme sabemos, um sem-número de humanos gays gostam de se fantasiar de Dolly Parton, Cher, Donatella Versace e Lady Gaga, enquanto o resto de nós fica assistindo. No Vaticano, isso é considerado um problema. Em Las Vegas recebe o nome de "carreira". Contrariando a crença popular, vestir-se de drag não é simplesmente encher um barril de paetês, plumas e cristais e depois pular dentro. Há muito trabalho envolvido, queridas. Precisa-se de figurinista, peruqueiro e cuecas especiais para esconder você sabe o quê. Ai!

A menos que você seja verdadeiramente dedicado a essa arte, por que simplesmente não morder Lady Gaga, em vez de ser ela? Ouvi dizer que a própria está mais do que disposta.

GÓTICO

Muitos de vocês são recém-convertidos e estão vibrando por haverem se juntado à nossa sanguinária companhia. Bem-vindos e boa noite. Comparado a ser dona de casa, dentista ou vendedor de seguros, ter se transmutado em vampiro é a coisa mais excitante que jamais lhes aconteceu. Se insistem em se vestir como seus ancestrais, entendo. É uma fantasia de vocês. Porém, mesmo as fantasias têm padrões. Portanto, nada de comprar aquela deselegante capa preta de cetim, vestido de veludo vermelho ou bustiê de tecido sintético em alguma sex shop barata. Tampouco roupas de couro ou chicotes. Deixe-os para as estrelas pornôs. E fiquem longe de estampas de crânio e bordados de adagas. Um pouco 1876 demais, *n'est pas*?

Vocês são vampiros de classe, possuem graça e estilo, de modo que existe um único lugar onde fazer compras.

Nos desfiles de moda.

Por sorte, inúmeros estilistas humanos nos consideram inebriantes, o que somos de fato. Mas é delicioso que os viventes nos percebam assim também. Eles nos usarão como suas "musas" e desenharão coleções inteiras inspiradas em nossa lascívia e anseios vampíricos. O genial Karl Lagerfeld chegou a nos fazer o elogio supremo, vestindo-se como vampiro sempre. A despeito dos boatos, ele é inteiramente humano. Uma pena. Quem sabe um de vocês não o converte em breve?

(Como sabem, alguns de nossos irmãos e irmãs mortos-vivos são estilistas, embora atuem principalmente na produção de roupas esportivas e jeans, para não despertar suspeitas. Assim, da próxima vez em que vestir uma camisa polo Ralph Lauren ou uma calça Levi's 501, orgulhem-se, porque seus irmãos têm participação nisso.)

Nas mãos sofisticadas dos mestres da moda, o glamour sombrio alcançou novos patamares. Para mim, a escala máxima é a coleção de alta-costura "Revolução Francesa" de Galliano para a Dior. Sei que não é algo que se pode usar para ir ao escritório, porém um vestido de baile vermelho-sangue, de cintura marcada e exalando cheiro de morte é um *must* no seu guarda-roupa. Também recomendo as silhuetas ampulhetas — divinas! — de McQueen e as sensuais leggings de couro.

Use-as em uma festa e terá sangue humano pingando em cada zíper e costura.

As ousadas dentre vocês adorarão uma jaqueta de couro Rick Owens, ou meias arrastão Rodarte. E se você não consegue viver sem um bustiê, que seja Jean Paul Gaultier, por favor.

Caso tenha passado sua vida humana metido em um terno cinza barato, ou em vestidos de poliéster, seu novo comprometimento de morto-vivo com o glamour gótico talvez lhe pareça cheio de escolhas opressivas. Pois então lhes sugiro uma única regra simples: vista qualquer coisa daquela maravilhosamente perigosa belga Ann Demeulemeester, e você será estilosamente imortal todos os dias. Ninguém faz um gótico sofisticado com tendência para o cadavérico como Ann. Amigos juram que ela não tem sangue vampírico, mas não sei não...

Nos pés, sandálias pretas de verniz Louboutin ou escarpins meia-pata Nicholas Kirkwood são essenciais, embora possa ser difícil andar com eles, quanto mais perseguir uma vítima. Novamente, queridas, às vezes é mais importante estar linda do que alimentada. Há sangue em todo lugar. Os desfiles de moda acontecem apenas duas vezes ao ano. Nunca se esqueçam de suas prioridades.

GREEN — OS NATURAIS

Em suas idas ao supermercado para observar potenciais vítimas, você deve ter reparado em humanos carregando sacolas de lona que ostentam os dizeres: "Não sou uma sacola plástica".

Portanto, quando começar a esquadrinhá-los do pescoço para baixo, notará que também vestem calça feita com fibra de casca de árvore e camisetas de bambu, mastigadas por pandas chineses. Algumas camisetas ainda terão os pandas agarrados, o que as tornam extremamente volumosas para usar, todavia viventes são capazes de qualquer coisa para estar na moda.

Aqueles sapatos alaranjados envolvendo os deliciosos e pulsantes pés cheinhos de veias? Cenouras retalhadas.

Não se alarme.

Não morda ninguém para sublimar sua confusão.

O que você está testemunhando é uma tendência conhecida como "moda verde", ou ecomoda. Trata-se de um estilo de se vestir que os humanos aperfeiçoaram nos últimos dez anos destinado a salvar o planeta e, ao mesmo tempo, fazê-los parecer medonhos.

Humanos que usam moda verde acreditam, estupidamente, que nenhuma criatura viva deve ser destruída para que pareçam chiques. Não há nenhum animal abatido, não há matança, não há sangue de qualquer espécie envolvidos na confecção de seus guarda-roupas.

Ai de mim!

Em vez disso, esses mortais vestem somente roupas feitas de material criado pela Mãe Natureza — árvores e plantas, narcisos e violetas, abacates e bagas, pedras e lama, pinhas, algas marinhas, montanhas, rios, o céu, o sol, os anéis de Saturno, e maple syrup.

Humanos que se vestem de tal maneira também insistem que todos os tecidos confeccionados com esse material são orgânicos. O que significa que nenhum veneno ou química de qualquer espécie entrou em contato com as roupas, ou com os viventes que as usam.

Mortais acreditam piamente que sapatos feitos do couro arrancado de bezerros que soltam gritos horríveis quando lhes enfiam a faca atrairá um carma ruim.

Au contraire, meus pequenos viventes.

Mas como nós, os mortos-vivos, vivemos para sempre, não temos nada o que temer de infecções causadas por venenos, e nenhuma necessidade da generosidade da Mãe Terra. Nada que ela produz nos sustenta e não lhe devemos nenhum respeito.

Fidelidade só à moda.

Vista-se bem, alimente-se bem.

Portanto, se na calada da noite você chegou a flertar com a ideia de usar minissaia de grama, terno de bambu e gravatas de sementes de papoula, acabe com essa doideira já. Tudo lhe é permitido em se tratando do chique, inclusive meus favoritos:

- ✓ Algodão embebido em veneno para ratos.
- ✓ Lã tingida de cicuta.
- ✓ Pele de cobra com o veneno ainda dentro.
- ✓ Arsênico e renda antiga.

Quanto a alimentar-se em humanos que não permitem toxinas tocar sua pele, que se recusam a carregar sacolas de plástico, ou se casam enfiadas em vestido de noiva confeccionados com gravetos e argila, siga em frente. Posso jurar, por experiência própria, que seu sangue tem gosto de água e é sem tempero.

    Conforme sabemos, o gosto de toxinas, inseticidas, sofrimento de animais e fluido de lavagem a seco é o que faz o sangue mortal cantar, é o molho inglês dos mortos-vivos. Sua tarefa, então, consiste em buscar humanos que se vestem sem qualquer bússola moral. Humanos que amam caçar animaizinhos peludos e indefesos para costurá-los em casacos, mortais que se regozijam com a ideia de que a toda hora que uma plantação de algodão é pulverizada com inseticida ela verte lágrimas de verdade.

    São esses os humanos que nos são caros.

    Tampouco jamais se esqueçam de que as árvores são boas para uma única coisa, e não é a moda.

    Trata-se de caixões.

H

HALLOWEEN

Oh, queridos, trata-se de uma noite amadorística em grande escala. Todo mundo se veste igual a nós — antes da remodelagem fashionista —, só que pior. Não saiam às ruas embalados pela ideia de que, pelo menos uma vez, irão se incorporar à multidão. Proíbo-os terminantemente. Agora que se comprometeram com a nova vida do chique — entremeada de Louis Vuitton, Gucci e Jimmy Choo —, vocês não podem, mesmo temporariamente, descer ao nível dessa gente.

Fiquem em casa.

Aqueles com crescente sede de sangue por volta das 18h, plantem-se à porta de suas casas com uma tigela cheia de doces e chocolates por perto. Fantasiem-se de fadas, de palhaços ou de qualquer coisa que dê a impressão de que se interessam pelo que acontece ao redor. Quando as crianças tocarem a campainha, ofereça-lhes uma guloseima e, enquanto elas se distraem com seus tesouros açucarados, ponha os caninos de fora. Sejam gentis, oh, senhores dos mortos-vivos, pois eles têm pescoço pequenino. Talvez o fluxo de sangue não seja intenso, mas humanos com menos de dez anos costumam ser apetitosas sobremesas.

I

INSPIRAÇÕES

William Shakespeare escreveu certa vez que alguns nascem grandes, outros conquistam a grandeza e outros, ainda, lhes têm a grandeza impingida. Creio que, no que concerne à moda, alguns nascem estilosos, enquanto outros alcançam o chique por meio da força de vontade e planejamento. Não importa em qual categoria você se encaixe, é sempre importante se deixar guiar por um pouco de inspiração, não? Um dos lugares onde procurá-la é em uma coisa especial que os humanos denominam "entretenimento". Viventes são tão infantis que precisam se distrair constantemente para não morrer de tédio.

Trata-se realmente de um estado clínico — morte devido à falta de entretenimento. Assim, a fim de evadirem o Anjo da Morte, os viventes inventaram livros, televisão, filmes e revistas. Dizem que essas importantes invenções têm impedido que muitos humanos se atirem de pontes ou se empalem em grades. Elas também serviram para tornar os mortais muito gordos e os produtores de Hollywood muito ricos, mas, essa, meus queridos, é outra história.

Em vista de nosso objetivo, devemos usar tais invenções em benefício próprio, como fonte de inspiração para alcançarmos o píncaro do estilo. Estilistas famosos como Giorgio Armani e Hubert de Givenchy têm emprestado seu talento a Hollywood e, à exceção de morder Brad Pitt, não existe nada mais excitante do que assistir à alta-costura na tela. Basta ver Audrey Hepburn em *Bonequinha de Luxo* para entender o que estou falando. Magnífica!

Sei que vocês dormem durante o dia, porém os humanos também inventaram o DVD player e luzes interiores, de modo que não há desculpas. Segue uma lista que gostaria de vê-los adotar devido às suas qualidades inspirativas.

Filmes e programas de televisão essenciais à sua educação fashion

Cinderela em Paris, Bela da Tarde, Designing Women, Sex and the City, Valentino: O Último Imperador, As Patricinhas de Beverly Hills, Janela Indiscreta, Bonnie and Clyde, Gigolô Americano, Gossip Girl.

MENÇÃO HONROSA:
O que não vestir: Embora este programa se destine a humanos que lutam com questões relacionadas ao corpo, o que não é nosso caso — tornozelos gorduchos, avanço da meia-idade —, ainda é positivo devido às dicas sobre coordenação de cores e escolha das proporções corretas.

Filmes e programas de televisão a evitar porque a moda vampírica está *démodé*

Drácula (todas as versões), *Entrevista com o vampiro*, *Blade*, *Underworld — Anjos da Noite*, *Van Helsing — Caçador de monstros*, *Amor à primeira mordida*, *Um drink no inferno*.

EXCEÇÃO À REGRA: True Blood
Todos vocês podem aprender muito com os vampiros Bill e Eric nessa brilhante série de tevê. A maneira como Bill veste suas roupas Henleys e camisas amarrotada, e o amor de Eric por jaquetas de couro e ternos bem cortados, humilha qualquer humano. Até Pam enche nossas irmãs mortas-vivas de orgulho com seus trajes inspirados em Chanel. Obrigada, queridos, pelo empenho.

MENÇÕES HONROSAS:
Buffy, a Caça-vampiros
Apesar de me doer, admito a existência de uma caça-vampiros chique. Sempre admirei Buffy por suas minissaias, botas e tubinhos.

Fome de Viver
Catherine Deneuve parece tão chique vestindo YSL, provando que vampiros não têm de economizar no estilo.

Livros de leitura obrigatória

✓ *O pequeno dicionário da moda*, de Christian Dior

- ✓ Qualquer coisa jamais escrita por Trinny Woodhall e Susannah Constantine
- ✓ *Esquire the Handbook of Style — A Man's Guide to Looking Good*
- ✓ *Vogue Fashion,* de Linda Watson e *Vogue*
- ✓ *Chanel: A Woman of Her Own,* de Axel Madsen
- ✓ *Queen of Fashion — What Marie Antoinette Wore to the Revolution,* de Caroline Weber
- ✓ *Mrs. O — The Face of Fashion Democracy,* de Mary Tomer

Revistas de leitura obrigatória

Vogue, Elle e *Harper's Bazaar* são importantes fontes de material, pois as únicas pessoas que aparecem estampadas em suas páginas são tão deslumbrantes quanto nós. As modelos são magras, e as celebridades mais magras ainda, portanto a moda ali mostrada cairá bem em vocês. Para homens, *GQ* e *Esquire* retratam machos estilosos que amam sexo, exatamente o tipo no qual vocês estão trabalhando para se tornar. Fiquem longe de quaisquer publicações com fotos de pessoas reais que vistam tamanho 42 em diante, porque não conseguirão estabelecer nenhuma conexão com aquelas criaturas e ainda acabarão com uma excruciante enxaqueca.

J

JOIAS

Nunca saio do meu caixão sem joias. *Sans* meu anel de rubi, bracelete de ouro, brincos de diamantes e colar com três fios de pérolas, me sentiria nua. Para uma verdadeira fashionista, roupa é apenas metade da história. São as joias que dão o toque final perfeito. Note bem: *nenhum traje está jamais finalizado sem elas.* Digam-me, queridas, o que faz dos membros da família real, realeza? O que faz dos nobres, aristocratas? Vocês entenderam. Joias.

Viventes também as utilizam para marcar ocasiões especiais, como noivados, aniversários e cerimônias do Oscar. Machos humanos costumam presenteá-las às esposas, como um pedido de desculpas por estar tendo um caso. De modo que, ao ver uma vivente usando ouro demais, é seguro presumir que o marido seja um cachorro.

Se roupas representam o sexo, então acredito que joias personifiquem o romance, e, aliadas à arte da sedução, constituem uma parte importante do seu repertório vampírico. Por conseguinte, requerem atenção. Disse Marilyn Monroe — criatura adorável — que os diamantes são os melhores amigos de uma garota, porém esqueceu-se de algo. *Nós*. Diamantes são nossos melhores amigos também. Queridos, humanas são como criancinhas, adoram coisas bonitas e brilhantes. Dê-lhes uma pulseira de diamantes e observe-as oferecer-lhes o pescoço em troca. Francamente, chega a ser triste quão fácil é para nós.

Alguns humanos famosos transformaram as joias em suas assinaturas, e *j'adore* tal prática. *Tornar-se inesquecível está sempre na moda*. Coco Chanel tinha suas pérolas, e Elizabeth Taylor — benditos sejam ela e o cartão de crédito de Richard Burton — seus diamantes, rubis e esmeraldas. Jackie Kennedy usava um relógio Cartier, e Madeleine Albright negociava a paz mundial ostentando broches. (Broches são ótimos, pois, além de enfeitar, servem para perfurar veias, caso seus caninos estejam cegos.)

Portanto, o que vocês deveriam comprar? Qualquer pedra preciosa que as atraia, queridas. E se o dinheiro andar curto, bijuterias são perfeitamente aceitáveis. Tomem posição! Mostrem a que vieram. Uma advertência: *mantenham distância da prata*. Não importa se são abotoaduras Cartier ou um bracelete com coração, prata é como alho para nós, compreenderam?

Não se esqueçam de usar um belo relógio de grife diariamente. Vocês, dentre todas as criaturas, não podem nunca se esquecer da hora. A exemplo de Cinderela, chega um momento em que precisam sumir de vista e correr para o caixão, e um elegante relógio é o lembrete perfeito.

Sei que é desnecessário mencionar, contudo, visando os que ainda são novatos no ramo: *nada de cruzes*. Não me importa se seus pais lhes deram um crucifixo em uma correntinha no dia do seu batismo e a peça tenha profundo valor sentimental. Vocês são mortos-vivos agora, e as emoções pertencem ao passado.

Uma palavrinha aos rappers, se me for possível. Queridos, talvez vocês continuem se apresentando em público, mas são vampiros agora. Já são sexy o bastante sem todos aqueles balangandãs, o que, francamente, é um pouco de ostentação. Nas palavras de Coco Chanel: elegância é recusa. E, de qualquer maneira, para que você vocês precisam de todas aquelas correntes douradas? Por caso rebocam barcos até a praia quando ninguém está olhando? Acho que não.

L

LINGERIE

Nós sabemos. Eles sabem. Nós, mortos-vivos, somos a suprema experiência erótica. Nossa superforça vampírica nos permite prosseguir a noite inteira e seduzir por toda a eternidade. Uma vez que um humano submeta a própria carne aos nossos desejos, não conseguirá mais voltar atrás.

Atualmente chegou-se a um consenso tácito de que os franceses inventaram o sexo. Os italianos gostariam que o mundo acreditasse que foram eles, e aqueles de vocês que conheceram Casanova, nos idos de 1750, poderiam mesmo acreditar. Mas, em consideração à conveniência, vamos anuir que os franceses desbravaram o sexo e que os italianos o aperfeiçoaram. Os americanos não descobriram o sexo, porém inventaram a pornografia, que é o sexo com uma câmera e muita atuação ruim.

Hoje, é com a pornografia que muitos humanos aprendem sobre sexo, até nos conhecerem.

Na Transilvânia, país de nossos ancestrais, o sexo era sempre aprimorado para incluir o melhor das técnicas francesas, italianas e as provenientes do Leste Europeu, com uma pitada da sofisticação britânica para completar. É como o vestido de alta-costura perfeito para mulheres, o mais elegante fraque para homens.

Não importa em que país nos encontremos, porque, sendo vampiros, é o sexo da Transilvânia que iremos praticar e é isso o que leva os humanos a virem atrás de mais, até nossa fome nos consumir e precisarmos matar para nos alimentar.

Quão sublime!

Não se enganem, os mortais estão desesperados para que os mortos-vivos os possuam. Entrementes, em pleno século XXI, atrair um deles para seus aposentos não é tão fácil quanto outrora. Não se pode mais simplesmente tirar a capa, ou desfazer o laço do corselete, pensando que isso basta.

Viventes tornaram-se mais sofisticados no trajar, e também no modo como se vestem para o sexo. Assim, o mesmo princípio deve se aplicar a vocês.

Queridas, prestem atenção.

Em primeiro lugar, mantenham distância de toda e qualquer lingerie barata e que não sejam de algodão, seda ou cetim. Nada de nylon. Vocês são vampiresas, não prostitutas. Mortas-vivas sim, mas ainda conservamos a classe no quarto.

Segundo, seduzir viventes requer vestir-se para excitá-los. Fêmeas humanas têm poucas exigências a respeito das roupas dos parceiros na cama, exceto cuecas limpas — boxers ou sungas em cores básicas, ou tecido xadrez.

Portanto, vampiros, em nenhuma circunstância usem cuecas com estampas de personagens de *Guerra nas Estrelas*, ou de super-heróis, porque tal coisa destrói o clima para as mulheres humanas. A fantasia delas consiste em dormir com homens viris, não com pós-adolescentes passados da idade. Também não deixem de escovar os dentes, e os caninos, antes que a noite comece. Ninguém gosta de mau hálito.

Na alcova, machos humanos são mais exigentes quanto à ousadia fashion dos trajes das parceiras, porém são itens fáceis de achar. Em qualquer cidade grande há inúmeras lojas de lingerie. Entre as minhas favoritas constam Agent Provocateur e Victoria's Secret, onde é possível comprar baby-dolls rendados, sutiãs push-up, camisolas de seda e meias 7/8. Vampiresas, não se alarmem se essas peças forem arrancadas do corpo de vocês três segundos depois de vestirem-nas. Humanos sempre despem as mulheres como se fossem seus últimos cinco minutos na Terra.

Uma vez concluída a sedução, e sua vítima ainda estando viva, por favor, tenham em mente algumas informações essenciais:

Sendo você vampiro.

Imediatamente após o sexo, as mortais mostram-se incrivelmente saciadas. Algumas talvez vistam sua camisa, hábito adquirido ao assistir *Sex and the City*. Então, enquanto permanece aconchegado, banhado pela luz das velas, eis que se verá obrigado a responder às seguintes perguntas:

- ✓ No que você está pensando?
- ✓ No que você está pensando agora?
- ✓ E agora?
- ✓ Você está pensando em mim? Eu estou pensando em você.

- ✓ Você me ama?
- ✓ Como assim, você acabou de me conhecer?
- ✓ Eu te amo.
- ✓ Você já pensou nos nomes dos filhos que vamos ter? Eu já.
- ✓ Quando vou conhecer seus pais?
- ✓ Me abrace!

Depois do sexo, as mortais matam qualquer homem de tédio com essas perguntas, e infelizmente você terá de ouvi-las por toda a eternidade, pois já está morto mesmo. É compreensível que, nesse ponto, você decida liquidar e drenar sua conquista de uma vez por todas.

Sendo você vampiresa.
Os mortais nunca se debaterão. Irão deixá-la morder cada uma de suas veias porque machos humanos fazem qualquer coisa em troca de sexo. Héteros ou gays, todos são capazes de vender a própria mãe por uma noite ardente, portanto, entregar a carótida não é nada.

Finda a sedução, por favor, note que diferentemente das fêmeas humanas, com os machos não haverá conversa nenhuma.

E enquanto as fêmeas gostam de vestir roupas masculinas após o coito, os machos não farão o mesmo com sua lingerie, porque *Sex and the City* jamais exibiu um episódio a respeito.

Homens mortais adormecem tão logo cheguem ao clímax por um período de aproximadamente uma hora. Ao acordar, tentarão copular outra vez. Novamente não terão a menor vontade de conversar. Eventualmente poderão perguntar o número de seu telefone, razão pela qual é conveniente possuir uma secretária eletrônica. De outra forma, seria difícil explicar o fato de você ter 245 anos, não trabalhar e não se encontrar disponível durante o dia.

M

MUST-HAVES

As revistas de moda estão sempre informando os viventes sobre os "must-haves" da estação. "Must-have" é algo tão essencial ao guarda-roupa, que você morrerá se não comprar. Humanos têm a mania irritante de sempre prometer isso e de nunca cumprir. Não ganham aquela bolsa Hermès que queriam de Natal e o que acontece? Continuam vivendo, não é? Nada de suicídio, nada de gritos de gelar o sangue, nada do Anjo da Morte. Entretanto, como pequenos roedores, saem correndo e compram todos aqueles "must-haves" supostamente indutores da morte e, seis meses depois, duas coisas acontecem:

1. Ficam enfastiados com seus sapatos feitos por elfos na Finlândia e com os jeans rasgados por tigres-de-bengala.
2. Uma nova lista de "must-haves" é publicada, tornando-se então suicídio fashionista e social ser visto usando itens da antiga. Por favor, por favor, por favor, não caiam na armadilha de comprar peças fora da lista.

Lembre-se, você está aqui para sempre e se descobrirá empacada com essas compras impulsivas pela eternidade afora.

Em vez disso, invista nas peças clássicas, que todo vampiro deveria possuir:

Bolsas Hermès — Kelly ou Birkin: essas bolsas são tão bem feitas que, assim como você, nunca morrerão.
Tubinho preto — o epítome do chique. Vista-o, e você será convidada para tudo, de aniversários a funerais. Apenas lembre-se de não sorrir muito durante os enterros. Humanos consideram este um dia triste. Deixe para celebrar mais tarde.
Blazer azul-marinho — ajuda-o a se misturar, caso você queira se alimentar de marinheiros ou de CEOs.
Salto agulha Louboutin — deixa-a sexy sobre um palito. Caso encerrado.
Trench coat — para o espião em cada vampiro.
Terninho Chanel — para a vampiresa socialite que se dedica a inúmeros trabalhos de caridade. Você levantará milhões para as mazelas humanas vestindo Chanel. Que tal?
Calça skinny — se você tem o corpo, e você tem, exiba-o, baby.
Dior — porque mesmo a sua vida é curta demais para não usar uma obra-prima de John Galliano.
Jaqueta do namorado — Não tome a jaqueta de seu namorado emprestada — *mate-o*. Assim poderá tê-la para sempre.
Terno risca de giz — essencial se você vai entrar para a política — mas, falando sério, já não existem vampiros suficientes no governo?
Jaqueta de couro — porque se George Clooney a levar para sair em sua moto, o que mais você iria usar?
Jeans de grife — Sim, vale a pena pagar mais para tê-los. Humanos são insaciáveis quando se trata de um lindo traseiro.

- **Saia lápis** — favorece sua silhueta deslumbrante e fará com que os homens comam na palma da sua mão, enquanto você se alimenta do pescoço deles.
- **Minivestido** — Balenciaga ou Balmain, e ninguém lhe resistirá.
- **Pele** — não dê ouvidos a humanos que querem salvar o planeta e cada animal existente. Martas foram postas no mundo para ser drenadas e então vestidas no jantar.
- **Vestido bandagem Hervè Leger** — não basta ter corpo de matar de inveja, vamos esfregá-lo na cara alheia.
- **Pulseira com berloques** — para celebrar cada caçada, gosto sempre de comprar um suvenir. Antes que você se dê conta, eis um ótimo tópico de conversa.
- **Pérolas** — para os humanos, sinônimo de classe, encanto e aprumo. Também, qualquer coisa que destaca o pescoço cai nas minhas boas graças.

MANCHAS DE SANGUE

Às vezes assisto àqueles comerciais de tevê que mostram a mãe de uma ninhada travessa lavando montes de roupas, e caio na risada. A dita cuja acha que tem problemas com três crianças em idade escolar, que gostam de rolar na lama, e com um bebê que cospe banana amassada? Oh, senhora, me dá um tempo! Mesmo se eu soubesse que Victoria Beckham lavava todos os uniformes de treino imundos do David, à mão, e diariamente, não derramaria uma só lágrima de sangue por ela.

Choro apenas por mim, por nós.

Porque ninguém lava mais roupas que vampiros.

Alimentamo-nos todas as noites e, antes de podermos nos enfiar em nossos caixões para o merecido repouso, precisamos tirar aquelas incômodas manchas de sangue de nossas roupas. Pelo menos vocês, vampiros novatos — e deixem-me lhes dar as boas-vindas ao lado negro, queridos —, possuem opções atualmente, como máquinas de lavar e lavagem a seco. Lá no século XVIII, era apenas eu à beira do rio, batendo meu vestido de baile impiedosamente contra uma pedra.

Agora, se existe algo que me vejo obrigada a admitir em relação aos viventes, é o fato de haverem se superado na criação de máquinas para realizar o serviço em seu lugar. Eles alardearão que sua tecnologia e os eletrodomésticos são o resultado de uma busca incessante, entranhada na natureza humana, de conquistar novas fronteiras. Mas, se vocês acreditam nisso, também vou acreditar que a Torre de Londres, a ponte do Brooklyn e a ponte da baía de Sydney estão à venda.

O único motivo pelo qual os humanos inventaram geladeira, máquina de lavar roupas, máquina de lavar louça e aspirador de pó foi para passarem mais tempo sentados diante da tevê, calçando pantufas e assistindo a novelas e programas de perguntas e respostas. A audiência da tevê daria traço durante as tardes se todo mundo estivesse às margens do Danúbio lavando as meias do marido.

De volta às manchas de sangue.

Sei que elas são a ruína de sua própria existência de mortos-vivos. Você vai a uma festa de aniversário, seleciona a vítima, alimenta-se e vê-se forçado a rumar para a lavanderia, em vez de ficar para o bolo. Claro, seria ótimo colocar um babador sobre o blazer Balmain antes de morder, contudo receio que isso trairia sua jogada. E então os convites realmente definhariam; acreditem-me.

Não obstante, existem alguns truques da moda — que aperfeiçoei ao longo dos séculos — capazes de ajudar. Primeiramente, quando a mancha é fresca e deliciosa, coloque-a sob água fria e corrente. Agora que os humanos inventaram o encanamento interior, não é necessário se preocupar em encontrar o rio mais próximo. Uma simples pia servirá. Lembre-se: apenas água fria. Água quente fixará a mancha, algo que só será útil se você decidir conservar a camisa ou o vestido como um suvenir da matança.

Se a mancha impregnou o tecido, é hora de partir para a artilharia pesada. Traduzindo: uma ida ao supermercado depois do pôr do sol. E não se esqueça de colocar um trench coat sobre a roupa, para que a moça do caixa não o olhe enviesado.

Os humanos inventaram todos os tipos de removedor de manchas, dos mais amigáveis ao meio ambiente aos fantasticamente tóxicos. Quanto a você, procure a marca com as substâncias químicas mais impronunciáveis e um aviso para procurar o médico em caso de ingestão do produto. São esses que funcionam melhor.

Enquanto os humanos estão começando agora a descobrir que tais fórmulas podem lhe ser fatais, nós já estamos mortos, portanto não há nada com o que se preocupar. Simplesmente ponha a coisa toda na máquina de lavar e vá descansar.

Se o tempo urgir, seus acessórios, ou a gaveta de joias, darão um jeito. Jogue, estrategicamente, uma echarpe Dior Homme ou um fio de pérolas Tiffany sobre a gola encharcada de sangue e continue dançando.

Já havia se perguntado por que Michelle Obama usa todos aqueles broches? *Pois agora você sabe.*

MODELOS BRASILEIRAS

Por que olheiros de todo o mundo vão ao Brasil? Porque o Brasil tem as mulheres e os homens mais lindos do mundo. Olhe ao seu redor. As modelos brasileiras possuem pernas extraordinariamente longas, corpo perfeito, rosto belo e bronzeado. Elas, como nós, ficam fantásticas usando qualquer coisa. Não vou citar nomes, porém adivinhem quais das vinte modelos brasileiras mais incríveis são vampiresas?

É tudo o que posso falar. Nunca entrego minhas irmãs. Entretanto, digo-lhes uma coisa: se você é uma vampiresa jovem em busca de um exemplo a ser seguido na questão "estilo", esqueça as atrizes de Hollywood! As modelos brasileiras são o único ponto de partida.

E não só porque parecem magníficas e sensuais nas revistas e vendem roupas como água para os estilistas. Na rua também personificam o chique, seja quando saem para comprar pão, seja jantando na companhia dos namorados jogadores de futebol. Deixem-nas ser suas mentoras, queridas, e jamais cometerão uma gafe... Onde, então, encontrar tais criaturas que são a imagem da perfeição? Recomendo, insistentemente, que entrem em um avião e desembarquem na São Paulo Fashion Week, quando as modelos brasileiras dão o ar da graça nas passarelas durante uma semana, cada uma mais estonteante que outra.

Como todas as modelos adoram a noite, é difícil saber quais são suas irmãs vampiresas; contudo, eis uma dica. Procurem aquelas com bronzeado artificial, sem queimaduras de sol. O tipo cuja pele descamba para uma tonalidade laranja em poucos dias.

Modelos humanas são capazes de passar horas ao sol e nunca ficarem alaranjadas, apenas douradas. Geralmente também exalam um leve cheiro de bronzeador à base de coco muito depois de haverem saído da praia. Essas vocês podem morder.

Quando estiverem em São Paulo, imploro para que deem uma passada em certa loja de roupas, luxuosa e bastante famosa — não quero mencionar o nome e encorajar mais humanos a aparecerem por lá e se apossarem das peças —, onde é possível comprar os vestidos, sapatos e joias mais fabulosos do mundo. É o lugar onde todas as modelos brasileiras vampiresas compram; assim, por que não vocês?

Todavia, creio que o melhor é não ceder à tentação de lambiscar as vendedoras, por mais saborosas que essas lhes pareçam. Trata-se de uma loja que desejarão visitar inúmeras vezes; assim, mantenham o bom comportamento. Sugiro que suguem as pessoas no aeroporto, quando estiverem de saída. Os funcionários das *duty-free shops* costumam estar tão entediados que apreciarão a distração.

N

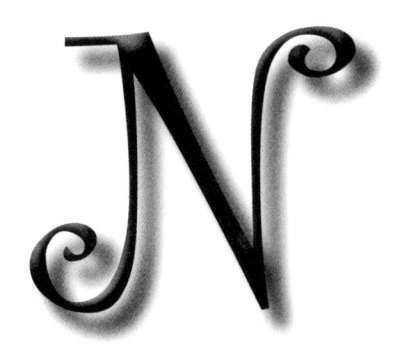

NÚPCIAS

Amarrar-se a um humano? Verdade? Dizem que matrimônio é fatal, mas como você já está morta mesmo, talvez possa correr o risco. Sinceramente, falando como alguém que tem amado viventes e vampiros, não o desaprovo. Com tanta carne e sangue nos cercando, compreendo quão fácil é sucumbir. Juntar seu estoque de comida e sua vida sexual em um único e suculento pacote pode ser fantástico.

Infelizmente os humanos gostam de celebrar as juras de fidelidade mútua com cerimônias luxuosas denominadas casamento. São grandes festas que envolvem comida que não podemos comer, banda cover dos Beatles — com músicos sem talento e amargos — e o tio da noiva, bêbado, discursando sobre as lembranças de vê-la correndo nua quando criança.

Porém o elemento mais importante de um casamento é a moda. A despeito da tendência da fêmea humana de parecer um bolo de aniversário coberto por um véu e do macho de vestir-se como pinguim, viventes levam os trajes da cerimônia muito a sério. Portanto, nada de atravessar a nave em uma capa de séculos, ou metida em um vestido comprado em um bazar da H&M.

Também é um fato científico que as mulheres humanas passam mais tempo escolhendo o vestido que usarão no dia das núpcias do que o noivo com quem viverão a vida inteira. A cor preferida é branca, todavia não vai funcionar se você pretende se alimentar de seu marido logo após a primeira dança. Melhor usar um vestido de seda escarlate ou um crepe da China azul-marinho e dizer aos amigos preferir morrer a ser clichê.

Homens: fiquem longe de cartola, fraque e peitilho de camisa. Vistam smoking, a menos que desejem despertar a desconfiança de seus sogros. Já é duro o bastante que o genro não seja o médico sonhado para sua garotinha. Descobrirem, no altar, sua condição de morto-vivo pode transformar o casamento no enterro de ambos.

Se for convidada para um casamento humano, esqueça-se daquele maravilhoso longo gótico, ainda que tenha sido feito à mão, e sob medida, por nossos compatriotas mortos-vivos Alexander McQueen ou Olivier Theyskens. Como um rematado criminoso, sua missão é esconder-se em plena vista. Portanto, vestido cocktail Oscar de la Renta, ou terno Zegna.

Dependendo da lista de convidados, a recepção se traduzirá em penúria ou fartura. Convidados que estejam trajando Miu Miu e Gucci têm gostos caros, e provavelmente uísque 100 anos rolará no open bar. O sangue dos viventes, uma vez infundido com Johnnie Walker, fica com um gosto magnífico. Entrementes, se a criatura à sua esquerda estiver metida em um vestido de poliéster turquesa e passar a noite bebendo cerveja, alimentar-se dela só lhe dará uma ressaca barata. Verifique os rótulos antes de pôr os caninos de fora.

É tão divertido os mortais pensarem que somos aterrorizantes, quando não há nada mais assustador que uma *Noivazilla*. Trata-se da fêmea que durante os seis meses que antecedem o casamento é o diabo encarnado, sugando todo mundo até a última gota com suas carências.

Humanos nunca aprendem que comportar-se como vampiro é coisa para profissionais.

Falando nisso, se estiver prestes a casar-se com um colega sanguessuga, parabéns. Mas tem mesmo certeza? Você sabe que aquela frase "até que a morte nos separe" se aplica somente aos humanos, não? No seu caso, casar-se com o objeto de sua afeição é *por todos os séculos dos séculos*. A única coisa que os separará é uma estaca, a qual — dependendo de quão terríveis forem suas brigas — você estará segurando. Porém, se ainda pretender seguir em frente com um matrimônio vampírico, lembre-se de que a cerimônia será realizada em um cemitério ventoso, à meia-noite. Leve um casaco.

O

OCASIÕES ESPECIAIS

Muitos de nós descendem da realeza e da aristocracia, portanto jantar com reis e rainhas, condes e lordes, com os Obama, Sarkozy ou com os Brown na Downing St. deveria ser uma segunda natureza. Você já sabe que uma tiara ou medalhas de cinco pontas podem se transformar em excelentes armas contra caçadores, caso estes estejam presentes, e que morder seu anfitrião é inaceitável até findos os discursos.

Caso venha de uma linhagem inferior, ou seja recém-mordida, não entre em pânico quando convidada para jantar com o príncipe William, se Kate Middleton estiver fora da cidade. Simplesmente raciocine de modo conservador. Agora não é hora de um vestido de gala surrealista de Viktor & Rolf, com seus recortes. (Embora eu adore o som de uma serra e os estragos que podem causar aos membros...)

A receita básica é a seguinte: quanto maior o palácio, menos tendências e mais tweed. A menos que o príncipe William esteja recebendo os amigos para uma noite de pôquer, então exiba o máximo possível das pernas.

Convidada pela realeza para as corridas em Ascot? Parabéns! Para se banquetear no sangue real ao ar livre, certifique-se de estar usando chapéu e luvas. E, sim, o sangue deles é azul e tem um gosto diferente de tudo que você jamais bebeu antes — um misto de corgis, castelos e joias da Coroa. Picante! As corridas, todavia, me deixam confusa. Qual é o sentido de cavalos ficarem correndo em círculos se nenhum deles morre? Pelo menos na Espanha mata-se o touro e rios de sangue jorram pela arena. Olé!

Se você é uma celebridade vampiresa (não se preocupe, não a abandonarei, Angelina), sei que pré-estreias de filmes e cerimônias de premiação — além do sangue — constituem sua dieta básica. Porém, vestir-se para pré-estreias e premiações costuma ser algo traiçoeiro, porque o que consideramos elegante em pessoa frequentemente é um desastre na tevê. Portanto, nada de preto ou branco, bolas ou listras, pois quando focalizados pela câmera parecem borras de sangue. Creio não ser necessário explicar isso a quem vive de arrancar o sangue alheio. Assim, opte pela alta-costura em cores vívidas e ousadas, como escarlate, azul-pavão ou verde-esmeralda, e mostre àqueles humanos famintos de moda como é que se faz.

Viventes adoram ocasiões especiais e promovem inúmeras ao longo do ano. A única coisa que lhes peço é certificarem-se de ser realmente convidados para uma audiência com o Papa ou para um jantar formal na Casa Branca. Ir de penetra é inaceitável, ainda que você tenha uma aparência de um milhão de dólares. Ser vampiro com estilo significa não adotar comportamentos desesperados de quaisquer espécie. Isso servirá apenas para atrair o tipo de publicidade que o arrastará para o Conselho Vampírico. Boa sorte ao tentar explicar àqueles sanguessugas desalmados por que sentiu-se impelido a apertar a mão de algum congressista humano idiota de Indiana.

As roupas certas, minhas queridas mortas-vivas, sempre farão dos eventos um sucesso — e vocês também. Como Carla Bruni convenceu os franceses de que estava pronta para tornar-se primeira-dama? Foi algo que disse? *Non!* Foi o que vestiu. Dior, obrigada. Dior para encontrar a rainha.

Ela não precisou dizer uma única palavra. O vestido disse tudo.

Prestem atenção, sanguessugas aspirantes a primeira-dama. Prestem atenção.

ORÇAMENTO

Tempos difíceis podem se abater sobre qualquer um, não somente sobre os vivos. Reconheço que prego o evangelho de estilista, entretanto Gap, Zara, Target, Topshop e H&M não devem ser ignoradas. Digamos que você seja uma vampiresa com orçamento apertado. Digamos que esteja cursando o ensino médio, ou estudando em uma universidade por toda a eternidade. Por ora, infelizmente, montar um look fabuloso a preço de estilistas não se acha entre suas opções. Contudo, não significa que, ocasionalmente, não exiba uma magnífica bolsa Prada ou um cardigã Comme des Garçons. Afinal, trata-se de uma obrigação! E não se preocupe se não conseguir arcar com a despesa. Adquirir coisas fora de seu alcance é o motivo de os humanos haverem inventado os cartões de crédito e a falência.

Entretanto, em geral, você se verá obrigada a fazer compras no fim da cadeia alimentar, embora não exista razão para não parecer divina mesmo assim. Apenas precisará de um pouco de iniciativa e também da habilidade de abrir caminho às cotoveladas entre os mortais no furor de uma liquidação. Mas, por favor, lembre-se de sua força vampiresca. Seja gentil ao machucar viventes dentro de uma loja de departamentos. O que aos seus olhos não passa de um simples empurrão, provavelmente os fará aterrissar em uma ambulância, e aí sabemos como esse filme termina. Todo mundo começa a bombardeá-la com perguntas e, de repente, lá está você, na edição vespertina do jornal da tevê.

Então, quais são os itens básicos que qualquer vampiro pode comprar barato? Minha escolha número um recai sobre as camisetas. Humanos chegam a gastar 100 dólares em uma camiseta porque isso os leva a sentirem-se superiores aos amigos. Não obstante, para nós, a camiseta cara só resistirá a algumas noites de pastagem antes de acabar jogada no lixo, de tão encharcada de sangue. De modo que eu não daria mais de 15 dólares em uma camiseta. Atenção: preferência para as cores escuras. Camisetas brancas e vampiros são uma combinação ainda mais fatal do que você. Outra grande pechincha em uma rede de lojas populares é a colaboração de estilistas. Tal acontece quando um estilista importante, celebridade ou top model criam uma coleção que talvez não seja de cashmere ou brocado.

Porém, sejamos honestas, você alguma vez já usou brocado para ir ao supermercado? É danado de pesado.

Sem recursos para comprar um Alexander McQueen? Pois pode fazê-lo comprando uma peça criada por ele para a minicoleção da Target. Quem imaginaria que paguei 69,99 dólares por um de seus vestidos? É nosso segredo. Os humanos são capazes de morrer por uma coleção que nosso irmão morto-vivo Roberto Cavalli desenhou para a H&M. Obviamente isso não afetará vocês, todavia peço-lhes que a usem de qualquer maneira. É tão importante apoiar a família.

P

PERFUME

Sei que o aroma mais requintado para nós é o sangue. É nosso Chanel nº. 5, nosso YSL Rive Gauche, porém não podemos deixar o cheiro de morte perdurar em nossas roupas sem atrair caçadores. Para não falar naqueles mortais histéricos que gostam de nos jogar alho, e, de repente, eis você escarafunchando em sua bolsa atrás de algo para mascarar o odor.

Queridas, temos de abordar a questão do perfume.

Nem todos os humanos são partidários desse produto, mas para nós não há discussão. É algo tão compulsório para os mortos-vivos quanto protetor solar. Sem ele, corremos o risco de nos trair. Com ele, o único risco que corremos é o de nos fartar com vítima após vítima.

Humanos nos amam quando nosso cheiro é fabuloso. Nos bancos, quando exalamos uma fragrância de baunilha e jasmim, querem logo nos conceder empréstimos. Nas festas, quando os lembramos de canela e gardênias, anseiam nos levar para casa e nos possuir com selvageria.

Vejo que agora conquistei sua atenção. Ótimo.

Se vocês nunca se sentiram tentadas a deter-se em uma perfumaria, ou a permitir que alguém as borrife com uma essência ao entrar em uma loja de departamentos, ficarão agradavelmente surpresas com a experiência. Todos sabemos que os mortais têm um cheiro delicioso quando usam perfumes e, de fato, matar é muito mais satisfatório quando sua vítima está usando Shalimar. O que vocês talvez não saibam é que o aroma do perfume fica ainda mais maravilhoso em nós, pois nossa pele vampírica o acentua.

Seja lá qual for a fragrância escolhida, não se esqueçam de aplicá-la nos pulsos e no pescoço ao levantar-se do caixão, e repitam o procedimento uma ou duas vezes durante a noite.

Embora muitos humanos gostem de usar um único perfume, acredito ser melhor experimentar fragrâncias diversas para preservar o mistério de nossa identidade.

Para homens imortais, recomendo Dior Eau Sauvage, Eternity for Men de Calvin Klein e YSL La Nuit De L'Homme.

Para minhas irmãs mortas-vivas, poderia sugerir Midnight Poison, de Dior? (Elaborado por um de nós, naturalmente.) As vampiresas românticas talvez gostem de Fleurissimo, de Creed, criado para atender ao pedido do príncipe Rainier, que o desejava para a princesa Grace usar no dia do casamento. Vampiresas amantes do cinema gostarão de L'Interdit, um mimo de Givenchy para Audrey Hepburn. Muitas celebridades humanas, incluindo Britney Spears, Celine Dion e Elizabeth Taylor, entraram no ramo de perfumes e, sem querer ser rude, posso sugerir que algumas delas não deveriam parar de cantar?

Meu favorito é M.A. Sillage de la Reine, perfume em homenagem a Maria Antonieta. Ele evoca lembranças maravilhosas de guilhotina e sangue. E o que é uma fragrância senão lembranças alegres?

POLÍCIA DA MODA

Humanos, talvez vocês tenham notado, são capazes de ser incrivelmente cruéis uns com os outros (é tão divertido assistir), e mais ainda no que concerne ao estilo. A Polícia da Moda está à espreita em todo lugar, avaliando-a em festas, na internet, na televisão e em revistas. Embora ninguém vá metê-la na cadeia, a punição aplicada é, na realidade, muitíssimo pior.

Você acabará marcada como uma *fashionista non grata.*

Não mais será chamada para os desfiles de alta-costura em Paris. Seus convites para o Oscar se perderão no correio. Marc Jacobs deixará de retornar suas ligações.

Como você já morreu uma vez, aguentará repetir a experiência? Podemos viver na escuridão, porém não podemos nunca parecer que nos vestimos no escuro também.

Embora reconheça que nós, vampiros, temos trabalho a fazer, são os humanos que cometem os piores crimes da moda, e com tais crimes cabe-nos aprender.

Comecemos com Björk e seu famoso vestido cisne. A Polícia da Moda a afogou por isso. A menos que você consiga prender a respiração debaixo d'água por uma semana sem ficar entediada, não chegue nem perto. Se é necessário trajar um animal, eu, particularmente, adoro uma raposa recém-abatida, com sangue na cauda. Lobo ou urso decapitados servirão para aqueles que vivem perto da Floresta Negra.

Adiante. Courtney Love? Queridas, baby-doll e batom borrado não funcionam nem quando se é uma serial killer profissional. Lady Gaga? Ela realmente está tão sem dinheiro a ponto de usar só bolhas e roupa íntima? Até Madonna veste uma camisolinha para cantar. Katie Price já perdeu a conta de quantas vezes foi presa por mostrar mais seios do que deveria. De quantas multas uma garota precisa antes de entender que menos é mais?

Agora, por favor, minhas queridas mortas-vivas, uma palavrinha. Existe uma questão delicada que devemos discutir. Vocês sem dúvida se recordarão de um triste, triste momento da história humana, quando algumas celebridades apareceram em público *sans* calcinha. Tudo à mostra! Nudez total. Diretamente para as lentes dos paparazzi! Vulgar, vulgar, vulgar. Permitam-me lembrá-las de que essa propriedade privativa dos vampiros não é para ser compartilhada com o público humano.

Nuas ou vestidas, aparecer na lista das "mais malvestidas" não é opção que lhes convenha. Atrair a atenção da Polícia da Moda serve apenas para lembrar aos caçadores de vampiros que vocês estão por aí, à solta. Exceto que, nesse caso, não os impedirei de realizar seu trabalho. Malvestidas merecem mesmo morrer.

Q

QUEM DISSE O QUE

Mortais consideram muito importante uma segunda opinião. É a razão pela qual as mulheres fazem compras na companhia de amigas. Depois de desfilar na frente delas enfiada no vestido escolhido, uma fêmea irá exclamar: "Oh, meu Deus! Estou tãooo gorda!" E as outras retrucarão em uníssono: "Oh, meu Deus! Você está cega? Você está tão magra!"

Mulheres humanas repetem essa cena de loja em loja, até ficarem esgotadas. Então comem no McDonalds para repor as energias.

Também creio na importância de uma segunda opinião, porém não dessa maneira. Em se tratando de estilo, existe uma única regra. Pergunte aos especialistas. Embora eu seja um gênio no que faço, porque me importo com o futuro da moda, tenho colecionado alguns conselhos além dos meus próprios, e peço-lhes para guardá-los no coração. (Sim, sei que o de vocês não bate. É o que os humanos chamam de figura de linguagem.)

"Modas passam, o estilo é eterno." — Yves Saint Laurent
Como vocês também são eternos, são capazes de entender.

"A diferença entre estilo e moda é a qualidade." — Giorgio Armani
Portanto, fiquem longe do poliéster.

"Vivacidade é o segredo de toda beleza. Não existe beleza que seja atraente sem vivacidade." — Dior
Substitua "vivacidade" por sangue.

"A moda hoje realmente diz respeito à sensualidade — como uma mulher se sente por dentro." — Donna Karan
E também diz respeito ao gosto das artérias dela.

"Quando você pensa a respeito, as lojas de departamentos são uma espécie de museu." — Andy Warhol
Assim como você veneraria Da Vinci, venere Prada, Pucci e Gucci.

"Só porque você gosta de vestir um belo Carolina Herrera, ou um jeans J Brand, em vez de algo básico do Kmart, não significa que você seja uma pessoa burra." — Anna Wintour
Prestem atenção, minhas queridas mortas-vivas, a rainha falou.

"Sou uma espécie de ninfomaníaca fashion que nunca chega ao orgasmo." — Karl Lagerfeld
Oh, Karl, por que você está mentindo? Moda é sexo. Caso encerrado.

"Para mim, Margaret Thatcher sempre foi uma das pessoas mais bem-vestidas do mundo. Sua política era pavorosa, porém seu look lhe concedia uma incrível presença." — Vivienne Westwood
As pessoas não se importarão se você invadir as Ilhas Malvinas ou lhes morder o pescoço se tiver uma aparência fabulosa.

"Amo o luxo. E o luxo não está na opulência e nos enfeites, mas na ausência da vulgaridade. Vulgaridade é a palavra mais feia da nossa língua. Permaneço no jogo para combatê-la." — Coco Chanel
O sabor de pessoas vulgares também é ruim. Não fiquem desesperados e alimentem-se do feio.

R

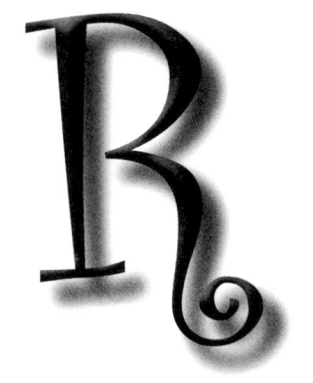

REALIZAÇÕES

Humanos amam quem lhes sirva de exemplo. Pessoas cujas vidas e realizações os inspiram a ser melhores do que são e, francamente, jamais serão. Às vezes chegam a se imaginar fazendo sexo com essas criaturas, quando não estão fantasiando conosco.

Alguns humanos, por exemplo, admiram Madre Teresa (não para o sexo), David Beckham, Barack Obama e Madonna. Costumavam admirar Tiger Woods, até descobrirem que o sujeito tinha uma esposa, dois filhos, três prostitutas e dez amantes, algo que, na minha opinião, até Henrique VIII acharia exagerado. Eis minha primeira pergunta: quando ele arranjava tempo para jogar golfe? E a segunda: quando ele arranjava tempo para jogar golfe?

Adiante.

Minhas queridas, vocês também precisam de quem as inspire, porém somente de um tipo — aquelas que se vestem bem. A despeito de os humanos usarem roupas diariamente, o número dos que são capazes de fazê-lo com grande estilo é, na realidade, bastante pequeno. Comecemos com a realeza. Se você for uma vampiresa mais velha, penso que deveria se espelhar na rainha Elizabeth. Seus conjuntos combinando casaco e vestido são perfeitos para uma senhora de certa idade. Se for mais jovem, a rainha Rania da Jordânia e as princesas Letizia da Espanha e Mary da Dinamarca (além da falecida princesa Diana) sabem unir a sofisticação do dia com o glamour da noite impecavelmente. Recentemente o príncipe Charles foi apontado o homem mais bem-vestido do mundo — vampiros, atenção! Apesar de sua segurança praticamente impedir a aproximação de qualquer um, ouvi dizer que vale o esforço. Pelo visto, o príncipe tem o gosto de seu jardim em Highgrove — orgânico.

(Embora Jackie Kennedy não houvesse sido membro da realeza, chegou perto. E a maneira como vestia uma calça capri se adequaria a qualquer sanguessuga.)

Caso suas preferidas sejam os ícones hollywoodianos, a primeira parada deveria ser Audrey Hepburn. *Monsieur* Givenchy a proveu de arrebatadores vestidos de baile, sofisticados casacos de noite e, claro, o tubinho preto que, quarenta anos depois, ainda tira o fôlego de vampiresas e humanas. Para puro glamour, dê uma olhada em Monica Bellucci em Cannes, ou em Cate Blanchett e Kate Winslet na entrega do Oscar. E para uma mulher que se arrisca na moda e parece divina, veja Tilda Swinton. Lembram-se de Halle Berry vestida para matar em um Collette Dinnigan? Quem há de esquecer?

Homens, exorto-os a memorizar George Clooney em um smoking (ninguém consegue superá-lo). Clive Owen vestindo qualquer coisa e Daniel Craig, como James Bond e como ele próprio. Observem, essa é a aparência de humanos classudos.

Os elegantes não se assemelham a Britney Spears, Paula Abdul, Alice Cooper ou a Amy Winehouse. Nem sequer olhe fotografias dessas criaturas, por medo de que possam influenciá-los inconscientemente.

A coisa mais importante consiste em escolher um modelo que o lembre de si mesmo. Se você é um pouco arisco, deixe Kate Moss, Mick Jagger, Charlotte Gainsbourg, Johnny Depp ou Carine Roitfeld guiá-lo.

Um tanto mais conservador na maneira de vestir-se e de matar? Então permita-me sugerir YSL, a deusa Catherine Deneuve ou minha querida amiga Anna Wintour.

Comandando o mundo? Que tal Michelle e Barack Obama?

Independentemente do tipo de sanguessuga que você seja, aquele que lhe servir de inspiração deve apenas lhe dar ideias. Não o copie cegamente. Apenas humanos são estúpidos a tal ponto.

SHOPPING

Fazer compras é um vício disseminado entre os humanos, exceto que não partem para a reabilitação quando as coisas saem de controle. De tempos em tempos, fingem querer parar de comprar e cortam os cartões de crédito em pedacinhos, então a sensação passa e logo solicitam outros. Comprar é a razão pela qual a maioria dos americanos está falida, porém é também o motivo de ser o povo mais feliz da face da Terra.

Sei que muitos de vocês não têm o menor interesse em compras, entretanto há de se desenvolver o hábito para formar um novo guarda-roupa. Lembrem-se, roupas maravilhosas equivalem a sexo maravilhoso e algo mais. Conheço um vampiro que usa a mesma pele de urso desde a era do gelo. E ainda se pergunta por que continua solteiro!

Portanto, fazer compras é preciso. Todavia, é possível adotar uma estratégia. Ninguém é obrigado a entrar em todas as lojas que surgirem pelo caminho; esse é realmente um grau de idiotice que somente os humanos são capazes de atingir. Tampouco dediquem-se às compras durante o dia, não importando quão espetaculares sejam as liquidações.

Primeiro o mais importante. Antes de iniciar o périplo, é mister entrar no clima da coisa. (Não, não *aquele* clima.) Para consegui-lo, sugiro pensar no ato de comprar como o de alimentar-se. Quando faminta, você seleciona a vítima, ronda-a, dá o bote e morde-a. Agora aplique o mesmo método nas lojas. Quando vir um par de sapatos que a agrade, ronde-o, empurre qualquer uma que ousar chegar perto, experimente-o, compre-o e crave os caninos no lojista. Não foi fácil?

Agora, em termos de localização, comecemos com os shopping centers. Gosto de shoppings porque ficam abertos até tarde e as escolhas são inúmeras, de Marks & Spencer para roupa íntima a Saks Fifth Avenue no caso de um jantar no apartamento de Donald Trump. (Sim, o sangue dele tem gosto de dinheiro.)

O único problema é que os shoppings estão sempre cheios de mortais, e, caso você não tenha comido antes de sair de seu castelo, isso pode ser perigoso. Especialmente nos Estados Unidos. Por quê? Porque humanos nos shoppings americanos são duas vezes mais gordos que os viventes comuns e seu sangue é enjoativamente adocicado devido a toda aquela fast food e donuts que eles engolem enquanto perambulam de loja em loja. A menos que você nunca tenha comido frituras quando humano, e está disposto a experimentar, esse sangue não lhe serve.

Lojas luxuosas são uma aposta melhor. Fifth Avenue, Champs Élysées, Rodeo Drive, Bond Street, Via Montenapoleone, Kurfurstendamm, Tverskaya St. e Omotesando oferecem uma profusão de lojas fabulosas, repletas de gente rica com sangue de qualidade superior devido à crescente ingestão de comida orgânica e vinhos caros. Onde mais se pode comprar uma bolsa Louis Vuitton e almoçar ao mesmo tempo? Não no Kmart.

Se você não aguenta enfrentar hordas, entendo. Sei que em alguns dias simplesmente deseja ficar em casa, assistindo a *True Blood*. Quem não quer? É o motivo pelo qual os humanos também inventaram o *personal shopper*. Trata-se de um vivente, geralmente uma loura, ou um gay, que entra em transe gastando seu dinheiro para você. Em transe como nós, quando nos alimentamos. Sim, humanos são patéticos a esse ponto.

Também ouvi dizer que, recentemente, muitos vampiros mais jovens tornaram-se presas da internet. Caso você a esteja usando para comprar camisas Paul Smith on-line, permito-o. Caso esteja conectado para jogar *Dungeons and Dragons*, que deus o ajude se seu criador descobrir.

Uma breve consideração sobre Shop Tour. Conheço alguém que, certa vez, acabou ficando um pouco viciada nisso. Não apenas pela conveniência de comprar cosméticos ou peles às 3h da manhã mas também por causa daqueles elegantes apresentadores humanos que parecem tão deliciosos. Conclusão, eu, isto é, aquela pessoa, teve de parar de comprar pela tevê por ordem do Conselho Vampírico. Não somente porque estava ficando caro mas também por não se achar disponível durante o dia para receber aquela maravilhosa estola de pele. Vocês precisavam vê-la. Eu, isto é, ela, quase morreu por ser obrigada a devolvê-la. Graças a deus já estou — quer dizer, ela — já está morta.

SORRISO

Sorria!

Lembre-se do passado, de quando você era humana e seu pai alinhava a família inteira diante do Grand Canyon, da Torre Eiffel ou do Palácio de Buckingham para tirar fotos. O que ele dizia depois de mandá-la ficar quieta e parar de socar seu irmão?

Sorria!

Um belo sorriso é tão essencial à sua indumentária quanto um vestido de alta-costura, ou sandálias pretas. Dentes brancos são a chave para uma personalidade vitoriosa e não há nada de que gostemos mais do que seduzir as pessoas... e as drenarmos. Embora seus dentes possam ter duzentos anos, escová-los pelo menos duas vezes ao dia, passar fio dental e visitar o dentista regularmente constituem obrigação. Durante a higiene bucal, arreganhe os caninos e escove-os por completo. Você não imagina quantos recém-vampiros se esquecem dos caninos e, ao expô-los para se alimentar, os humanos reclamam, porque destoam do restante.

Todos os dentes mancham facilmente e, em viventes, café e cigarros são os maiores problemas. Para nós, é sangue. Para humanos, nada dispara mais o alarme do que alguém aparecendo em um bar com dentes ensanguentados. Portanto, quero que invistam em tiras branqueadoras e as usem todas as manhãs e antes de dormir.

Agora, em relação a odontólogos. Trata-se de um assunto que requer alguma delicadeza. Você simplesmente não pode aparecer no consultório de um profissional recomendado por amigos, não importando quanto o elogiem. Dentistas tiram raios X e raios X revelam presas. Então os sujeitos entram em pânico, chamam os caçadores de vampiros e, de repente, eis você fugindo. (Ninguém é capaz de imaginar quantos caçadores são acionados por odontólogos e ortodontistas.) A exceção à regra é a Transilvânia, onde todos os dentistas têm algum vampiro na família e assim ficariam realmente felizes de vê-lo. Para aqueles que se alimentam e matam em outras partes do mundo, sugiro que procurem um dentista ciente de que *não se deve fazer perguntas nunca*.

Com sorte, uma tarefa fácil, pois existe um único grupo que se encaixa nessa descrição.

Os odontólogos mafiosos.

E, ao marcar hora, você ainda visita a Sicília, ou o Brooklyn, como bônus.

Fantástico!

T

TOM DE PELE

Às vezes, quando as coisas estão começando a ir bem em uma festa, a vítima, cuidadosamente escolhida, nota quão mortalmente pálido você é. Se a presa for inteligente, soma dois mais dois e põe-se a correr, de modo que sempre nos sobram os estúpidos para jantar.

Esse é o porquê de precisarmos conversar. Esse é o porquê de vocês precisarem se bronzear.

Durante séculos, antes que as clínicas de bronzeamento ou as loções fossem desenvolvidas, não restava a nós, mortos-vivos, outra opção senão vagar entre os humanos com nosso rosto cabúqui e corpo fantasmagórico de tão branco. Não somente nossa pele lívida funcionava como um alerta para os caçadores de vampiros como os viventes se tornavam mais inconstantes. Conclusão, frequentemente passávamos fome durante a temporada de verão.

Era-nos impossível visitar as áreas de alimentação, como Taiti, Capri, St. Tropez ou Miami, com aquela nossa aparência. Estando todo mundo cada vez mais bronzeado à nossa volta, nós nos sobressaíamos como... bem, como um vampiro na praia.

Mas fomos salvos pela mais fundamental de todas as características humanas.

A vaidade.

Existem mortais que também não podem se expor ao sol, pois, como nós, se queimam e sentem dor. Entretanto, recusaram-se a aceitar sua palidez tão logo enraizou-se a crença de que o bronzeado faz a pessoa parecer magra e sexy.

Humanas seriam capazes de ingerir veneno de rato se pensassem que isso as faria entrar em um vestido 38. Assim os cientistas em laboratórios puseram-se a combinar ingredientes até encontrar a fórmula perfeita. *Et voilà*! Nascia o bronzeamento artificial.

Embora as versões iniciais da substância deixassem os mortais alaranjados, dignos sobreviventes de uma explosão nuclear, isso não os deteve. As empresas de cosméticos persistiram e hoje até um vampiro pode obter uma cor decente de um jato ou loção. Nossa boa "amiga" Lindsay Lohan lançou uma nova linha de autobronzeadores que, francamente, é melhor do que suas atuações na tela.

Também é possível passar em uma clínica, onde irão borrifá-la da cabeça aos pés. Só não permita que alguma mulher-fruta na recepção lhe venda um pacote de sessões na câmara de bronzeamento. Aquilo é um verdadeiro caixão com luz solar embutida, e você não vai precisar de óculos para proteger os olhos, e sim da extrema-unção.

Agora uma palavrinha a respeito da cor. Sua intenção é personificar um humano banhado pelo sol, não um vampiro mergulhado em caramelo ou em licor de laranja. Menos é mais.

Se as pessoas o pararem na rua e perguntarem se você é Paris Hilton, George Hamilton ou Silvio Berlusconi, saiba que foi longe demais.

Ocasionalmente, enquanto estiver retornando ao seu caixão, depois de uma noitada de matar e beber, eis que surge um caçador perseguindo-o, forçando-o a correr para a plena luz do sol. Não entre em pânico. A Nasa desenvolveu um bloqueador solar que retarda as queimaduras. Atualmente o produto encontra-se disponível somente para astronautas que voam mais perto do sol, mas uma vez que você arreganhe os caninos não terá nenhum problema em fazer aqueles caubóis do espaço lhe entregarem a mercadoria.

Eu não tive.

TRICÔ

Suéteres, cardigãs, cachecóis e mitenes deveriam compor 20% de seu guarda-roupa fashionista. Sim, tal é a importância do tricô para sua existência morta-viva. Sei que Sonia Rykiel e Julien Macdonald criam malhas fabulosas, e o que vou sugerir talvez os choque. Mas fiquem longe dos looks de passarela. Nada de Rodarte, ou de Missoni tampouco. São roupas lindas, porém para humanos, não para nós.

Precisamos nos focar em tricôs feitos à mão, espessos, aconchegantes. Sim, sei que essas peças os fazem parecer gordos, entretanto os humanos as associam a avós, chocolate quente e abraços. Eles adoram estar perto de gente que os lembre dessas coisas, de modo que confiarão em você de imediato. Quem suspeitaria de um homem de pele descorada, que dorme em um caixão, se ele estiver vestindo um suéter de pescador?

Como poderia qualquer mulher com lindas mitenes cor-de-rosa, combinando com o cachecol, fazer mal a uma mosca? Quanto mais cravar os dentes na sua coxa?

Assim como biquínis e lipoaspiração são para rainhas de beleza, tricôs feitos à mão são para vocês. Representam a diferença entre ganhar ou perder a coroa, portanto não sejam mesquinhas. Pensem naquele cardigã de lã enorme — que seu criador lhe deu de Natal — como um convite para jantar. Vistam-no e eis a entrada, prato principal e sobremesa O negativo na mesa.

Depois de se alimentarem, aconselho-os a não levar as malhas manchadas de sangue para a lavanderia, mesmo que a etiqueta indique "somente lavagem a seco". Vocês ficariam surpresos ao constatar como os funcionários desses lugares são atentos. E antes que se deem conta, algum detetive idiota já os estaria farejando e infernizando-os com perguntas. Viventes têm assistido tanto à tevê, que basta tropeçarem em uma peça de roupa encharcada de sangue para chamar a polícia, convictos de haverem deparado com o Estripador de Yorkshire.

Receio que nossos dias de jantar em paz estejam acabados.

Àqueles que se sentem particularmente sagazes, uma sugestão: seria maravilhoso se aprendessem a tricotar. Não apenas suas roupas ganhariam um toque distinto, do tipo "eu as fiz com minhas próprias mãos", como também descobririam que tricotar é um hobby maravilhoso para quem não gosta de aeróbica, ou de arranjos florais. Durante a Revolução Francesa, as mulheres frequentemente ficavam sentadas tricotando enquanto os aristocratas marchavam para a guilhotina. Não é uma ideia deliciosa?

Manusear lã e duas agulhas afiadas enquanto a cabeça de alguém está sendo arrancada do corpo é um dos mais gratificantes hobbies que nós mortos-vivos podemos ter.

Primeiro a guilhotina, então *monsieur* Dior. Oh, quanta alegria os franceses nos têm proporcionado!

Para os que estão na fossa, vocês sabiam que o ritmo dos pontos de tricô é um grande redutor de stress? Assim, caso esteja magoada porque seu namorado de quinhentos anos a trocou por uma vampiresa mais jovem, não se enfureça — faça um cachecol. Escapou por pouco de um caçador de vampiros e seu coração está disparado? Quem quer meias novas? Você!

Receita fácil de cachecol para iniciantes

2 agulhas de tricô, 6 novelos de lã felpuda

Passo 1: Não use as agulhas para apunhalar ou perfurar alguém. Agora não é hora de indolência. Dilacerar carne é para o que servem os caninos.

Passo 2: Coloque 20 pontos na agulha. Tricote 40 carreiras. Arremate.

Passo 3: Use o cachecol em um café frequentado por humanos enquanto lê um exemplar de *Crepúsculo*. Essa combinação garante uma fila de viventes querendo conhecê-lo.

Passo 4: Escove os dentes depois da refeição.

U

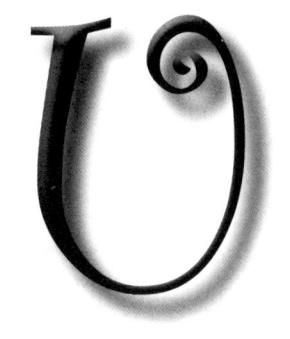

ULTRAJANTE!

Vocês não podem cansar sua linda cabecinha e caninos ensanguentados preocupando-se com coisas contra as quais não podem lutar, mesmo com sua superforça. Em determinadas ocasiões a moda de mau gosto, e quero dizer uma moda tão feia que chega a queimar olhos humanos e vampíricos, lhes será impingida e, queridos, vocês serão obrigados a engolir. (Sim, admito que é como um soco na boca do estômago, porém que remédio?)

Por exemplo, se você for o astro de uma banda heavy metal, lhe serão exigidos cabelos compridos, sujos e desgrenhados, jeans rasgados, jaquetas tacheadas e delineador, tudo para provar sua autenticidade. Se você morar em condomínios e frequentar shopping centers, será forçada a calçar Crocs, que, creio estarmos todas de acordo, são o Frankenstein da moda. Pense neles como seu passaporte para o mundo humano. Só não olhe para baixo, a visão é chocante.

Alguma vez já jogou Banco Imobiliário com seu criador às 3h da manhã? Lembra-se da alegria de tirar a carta "Saída livre da prisão"? Drácula não era lá muito esportivo jogando

Banco Imobiliário, entretanto essa é uma outra história. Neste exato momento estou lhes emitindo uma carta "Saída livre da prisão" nas seguintes categorias e válida por toda a eternidade.

Esportes

Se você joga em um time nacional de beisebol, basquete ou futebol, provavelmente usa um uniforme com listras, insígnias, cores vívidas e short apertado. Se representou seu país nas Olimpíadas, seu traje provavelmente foi tão feio que as crianças pequenas fugiram do estádio quando sua delegação entrou. Esportes e estilo não são um casamento feliz, mas usar Prada ou Tom Ford no campo constitui uma infração, portanto seja mulher e sofra em silêncio. Console-se com o conhecimento de que as coxas musculosas dos jogadores de futebol são fantásticas para nos regalar depois de um jogo. Ou pelo menos é o que Cristiano Ronaldo me diz.

Exército

Camisas verde-oliva, botas de combate e calça camuflada não ficam bem em ninguém. Nem mesmo nossa irmã morta-viva Angelina Jolie conseguiria transformar a farda básica do exército em algo estiloso, e se Angie não é capaz, acredite-me, você não tem a menor chance. Todavia, quem não quer entrar para o Exército? Somos mortas-vivas, portanto os inimigos não podem nos matar, e enquanto soldados ensanguentados em um campo de batalha constituem o que humanos chamam de tragédia, nós os descrevemos como *brunch*. Queridos, ainda que vocês houvessem se juntado à Máfia ou à KGB, nunca teriam oportunidade de estar perto de tantos tiroteios diários. Lembrem-se, vocês poderiam ser o protótipo da feiura, porém no exército nunca passariam fome.

Se você é enfermeira

Trata-se de uma categoria especial, e peço àquelas que trabalham no turno da noite em hospitais para se acercarem. Em primeiro lugar, parabéns por conseguirem o emprego. Sempre tão perto de sangue suculento, sempre rodeadas de humanos pairando entre a vida e a morte. Toque de gênio!

Entretanto, nem mesmo pornografia consegue fazer uniformes de enfermeiras parecer sexy. E, por favor, não percam um só minuto queixando-se dos abomináveis sapatos brancos com solado de borracha. O vestido branco sem graça e os tais sapatos medonhos que não rangem lhes permitem se esgueirar nos quartos dos pacientes e beber sem que sejam descobertas noite após noite. Esse é um tipo de feiura que todas nós podemos superar.

Uniformes

Humanos amam usar uniformes no trabalho. Comissárias de bordo, bombeiros, garçonetes e prostitutas, todos vestem roupas que a um só olhar identificam sua profissão, permitindo-lhes evitar aquela pergunta desajeitada nas festas: e então, o que você faz? Se conhecemos alguém metida em uma minissaia branca de couro falso, sutiã vermelho e meia arrastão rasgada, já imaginamos o ramo em que a criatura trabalha, não? Geralmente uniformes são feios, insípidos e mal-ajambrados, e embora usá-los seja contrário ao seu recém-comprometimento com todas as coisas estilosas, essa infração lhe será perdoada. A única exceção é o uniforme de piloto de avião, que é elegante e deixa todo homem parecido com Antonio Banderas. Embora possa ser tentador deleitar-se com toda a atenção recebida das mulheres, não se esqueça de que o único motivo para se tornar piloto é derrubar o avião. E não queremos quaisquer mortes, apenas muitos ferimentos com sangue esguichando para todo lado. *Bon Voyage*!

V

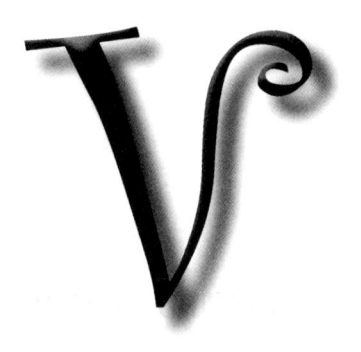

VAMPIROS VIRTUAIS

Os muitos de vocês que cogitam passar para o lado negro criam, primeiramente, um avatar na internet. Jogada inteligente. Também fiz um test-drive antes de comprar meu carro. Porém, quando acessam o *Second Life* ou outros mundos virtuais, apressam-se em adotar clichês sem um planejamento antecipado. Vejo uma profusão de capas negras, olheiras escuras, vestidos de renda e penteados horrorosos. Queridos, vocês são uma droga quando se acham virtualmente chiques.

Como na vida real, jamais se economiza no estilo.

Para começar, perguntem-se que gênero de mortos-vivos gostariam de adotar no espaço cibernético. Clássico? Badalado? Punk? Gótico? Não julguem necessário mudar sua personalidade fashionista só por estar no mundo virtual. No mínimo, a internet lhes permite experimentar novos looks sem desembolsar muitos dólares humanos. Por conseguinte, se seu visual pende mais para Chanel do que para garota surfista na vida real, assim deve se vestir no ciberespaço. Apenas acrescente acessório, como alguns braceletes spike e roedores virtuais recém-mortos, caso deseje acentuar o visual vamp.

Agora uma palavrinha sobre o tipo físico. Noto que muitas de vocês, ao escolherem um corpo avatar, exageram — digamos — certas características. Queridas, nada pode cair bem em um peito tamanho 54, a menos que você seja prostituta. Por acaso já viram alguma menina com seios tão grandes nas passarelas de Paris ou Nova York? Exatamente. Não creio que Agyness Deyn sequer possua um único sutiã.

Moda é questão de proporção, quer você exista, ou não. Rapazes, vocês realmente têm peitorais que se mexem para cima e para baixo? Permitam-me sugerir que deixem essa cirurgia plástica virtual para outros. Lutadores, talvez? Vocês são vampiros, já naturalmente desejáveis, e não precisam de melhorias de nenhuma espécie. Claro, é divertido brincar de ser um desenho animado, mas não se esqueçam do verdadeiro porquê de estarem no espaço cibernético. Para praticarem, on-line, a fabulosa vida de sugar que um dia será sua. E nada de morderem na internet 24 horas por dia. De madrugada, devem descansar.

Queridos, o sono da beleza é um must, seja morto-vivo, ou on-line. Vocês não querem acordar parecendo humanos, querem?

VINTAGE

Humanos usam roupas vintage para vivenciar uma era que na realidade nunca viveram. Vocês viveram essa era, porém nunca trajaram suas roupas. Sim, eu sei, estavam por demais ocupados vestindo-se de vampiros para prestar atenção no resto. E, de qualquer maneira, em relação à moda, alguns séculos não tinham mesmo nada digno de nota. Era o diabo andar metido naquelas armaduras medievais, e vocês foram espertos ao ignorar a tendência. Anquinhas nos idos de 1880? No que as humanas estavam pensando? Ah, sim, vamos fazer nossos traseiros ficarem do tamanho de um bonde. O grunge dos anos 1990? Céus. Quase cravei uma estaca em mim mesma por cima das camisas de flanela e botas de combate. Quem não o faria?

Todavia, vocês cometeram um terrível erro perdendo o New Look de Dior, a minissaia de Mary Quant, o smoking de YSL e os vestidos sexy de Versace, alguns dentre os mais brilhantes momentos da moda nos últimos cem anos.

Portanto, agora é sua chance de se ressarcirem do prejuízo. Humanos estão passando por uma fase vintage, assim é possível entrarem na onda e se encaixarem perfeitamente. Contudo, nada de mencionar lembrarem-se, realmente, da década de 1920, quando vocês tinham, oficialmente, 22 anos de idade. Tal comentário fará soar o alarme até para o mais estúpido dos mortais.

Caso estejam se perguntando por que se dar ao trabalho de acompanhar tendências vindas de Carnaby St. ou da Era do Jazz, deixem-me explicar a importância de usar vintage. Julia Roberts vestia um Valentino vintage ao ganhar seu Oscar. Alguma pergunta?

Eis meu conselho: escolham uma década e devotem-se a ela. Os anos 1950 foram uma época particularmente elegante para a mulher, com aqueles vestidos Dior de cintura marcada. Talvez vocês achem o caimento e a numeração um tanto diferentes, mas não permitam aos números confundi-las. As mulheres de então fumavam feito chaminé, jamais frequentavam academias de ginástica, punham creme no café e manteiga em tudo, daí metiam-se em cintas e caíam no mundo. Quem se importava de não conseguir respirar? Elas compreendiam que moda é sacrifício.

Quer vestir-se para o sexo? Você jamais errará em um vestido-envelope DVF. Ser chique? Vestido-camisa de camurça Halston, clássico dos anos 1970. Quanto aos homens, adoro os ternos risca de giz dos gângsteres de 1940. Eles matavam, vocês matam. Rapazes, não é só um look, é uma homenagem.

Onde comprar? Indagam-me isso o tempo todo. Lojas vintage, eBay e leilões oferecem seleções maravilhosas. Não tente poupar dinheiro comprando em mercado de pulgas ou em loja de caridade. Esses lugares estão cheios de roupas de gente falecida e cheiram a cadáveres. Como vocês já estão mortos, seria demais para sair algo de bom.

Também lhes suplico para segurarem sua sede com rédeas curtas caso deparem com alguma coisa fabulosa. Entendo que fiquem excitados em um leilão e, no auge do delírio, comecem a querer morder. Façam isso na Sotheby's e nunca o convidarão novamente. Apenas se alguém lhes vender uma falsificação lhes será permitido voltar lá e matá-lo. Assim como o sangue que bebem, jamais se contentem com imitações.

W

WASPS

Pessoas ricas constituem uma excelente fonte de alimentos. Essa gente consome comidas sofisticadas como caviar e bebe champanhe, em geral vindo da França, de modo que seu sangue tem um gosto mais doce. Embora muitos possam se enriquecer com suor e trabalho duro, os WASPS já nascem ricos. Pertencentes à elite e indolentes, possuem um sangue excelente desde o nascimento. Para os que não vivem nos Estados Unidos, um esclarecimento: WASP refere-se a um indivíduo americano rico e branco, morador principalmente de Connecticut, Texas, Nova York e Massachusetts.

Machos WASP são famosos nos Estados Unidos por beberem gim no café da manhã e uísque no almoço e por terem casos com as irmãs da esposa. Fêmeas WASP estão sempre dormindo com o rapaz encarregado de limpar a piscina ou com seu professor de tênis, e seu único interesse além do sexo é fazer compras.

Porque seu sangue não é poluído por nada que se assemelhe a trabalho, exorto-os a beberem de um WASP, se ainda não o fizeram. Entretanto, uma advertência: as fêmeas já se submeteram a tantas cirurgias plásticas, que morder aquela pele retesada pode ser mais difícil que o normal. Eis uma razão para afiar os caninos regularmente.

E onde encontrar essas deliciosas refeições WASPs? Durante o dia, é possível achá-las nos campos de golfe, ou em clubes. À noite, gostam de comparecer a festas de gala beneficentes para exibirem seu dinheiro e lipoaspirações. A fim de entrar em seu mundo, a coisa mais importante é dar a impressão de que se faz parte daquilo, o que não é problemático, já que a categoria possui um uniforme exclusivo.

No campo de golfe: feia calça xadrez, acompanhada de suéter Pringle *argyle*. Não se esqueça de gratificar o *caddie* com notas de 100 dólares. Servirá para cobrir as despesas médicas, caso você decida mordê-lo.

No clube: Chanel ou Ralph Lauren para mulheres. Apenas Ralph Lauren para homens. (Não se esqueça de um suéter de cashmere rosa amarrado ao redor do pescoço.)

Festas de gala beneficentes: vestidos Oscar de la Renta ou Carolina Herrera para mulheres. Ralph Lauren Purple para homens.

Agora que você está vestido, é preciso saber conversar de maneira convincente. A despeito de todo seu dinheiro e educação, WASPs são algumas das pessoas mais enfadonhas da face da Terra. Conversando com elas você só não morrerá de tédio, infelizmente, porque já está morto, mas chegará perto. Meu conselho é fazer um ou outro comentário inicial e partir logo para a mordida.

Exemplos:

✓ Não posso crer que a bolsa caiu outros vinte pontos!
✓ Você soube que ele está tendo um caso com a empregada?
✓ Você consegue acreditar que ela vestiu aquilo?

Essa abordagem tem sido testada e aprovada por muitos vampiros e garantem o sucesso. Ao se alimentar, não se preocupe com a sangueira. Todas as roupas dos WASPs são lavadas a seco. Inclusive as íntimas. *Salut*!

X

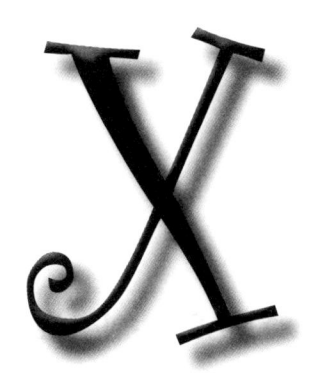

XMAS — NATAL

É o feriado mais importante do calendário humano, combinando religião, compras frenéticas e decepções com presentes inúteis. Viventes acham que presentearem-se mutuamente com um novo cortador de grama é a melhor maneira de celebrar o nascimento de Jesus. Como alguns de nós conheceram Jesus, presumo concordarmos que ele preferiria um bom livro, talvez com tema religioso? Mas cortador de grama?! No Oriente Médio, onde tudo o que se vê é areia? Não sei não...

Quando for você a comprar o presente, não deixe para a última hora. Humanos sempre fazem isso e assim, na véspera do Natal, tornam-se reféns de qualquer perfume barato ou de caixa de ferramentas horrorosa que sobraram nas prateleiras. Planejem com antecedência, meus queridos vampiros. Seu criador merece o melhor. Trazê-los para o lado negro é um presente que lhe dão continuamente, portanto retribuam tamanha generosidade com a sua própria.

Dentre os presentes que muito agradaram meu próprio criador constam um vale-presente de clareamento dentário e um título de membro do banco de sangue da Cruz Vermelha.

Se seu criador gosta de esportes, que tal ingressos para a temporada de futebol americano? E, claro, um manual de estilo como o desta escriba será sempre apreciado.

Como se já não fosse ruim o bastante os humanos decorarem suas casas com árvores de plástico e encherem a cabeça dos filhos chatos com histórias de Papai Noel, é também um dia negro, muito negro, para a moda. No mundo inteiro, os viventes ficam temporariamente insanos em se tratando de estilo. Usam suéteres com estampas de Papai Noel, gravatas com árvores de Natal e brincos com motivos natalinos. Nem as bonecas Bratz são tão malvestidas.

Sim, vocês poderiam simplesmente ficar em seu caixão e dormir até as festas passarem. Confesso haver eu mesma cogitado essa possibilidade. Porém insisto que desfrutem o feriado, porque alimentar-se nessa época do ano é tremendamente fácil. Os humanos estão tão cheios de sentimentos de boa vontade e paz entre todos os homens, que mal se debatem. E sangue com gosto de *eggnog* e presunto é uma delícia!

Todavia, apesar de saírem de casa, em nenhuma circunstância devem imitar os humanos no trajar. Mantenham-se firmemente comprometidos com o chique em tempo integral. Para um look festivo, sem parecer brega, sugiro um lindo vestido cocktail Lanvin, ou um terno Thom Browne. Nada de meias com renas, nem de brincadeira. Humanos são muito literais e o considerarão um deles.

Nessa data, as pessoas costumam ir à igreja e talvez seus amigos os convidem para acompanhá-los. Neste caso, apelem para o truque de que se valem os viventes quando querem faltar ao trabalho. Cubram o bocal do telefone com um lenço, respirem pesadamente pela boca e digam ao seu chefe — entre algumas tossidelas — que está doente. Como se vocês precisassem ir à Missa do Galo e deparar com um padre que carregue uma cruz enorme! Expliquem o quanto lamentam perder a cerimônia — mais tossidelas — e diga-lhes que os verá na noite seguinte, para comer o que sobrou da ceia. Isto é, *eles*. Contudo, tenham cuidado com os enfeites natalinos.

Humanos gostam de enrolar as bugigangas ao redor do pescoço, e aquelas coisas têm um gosto horroroso quando nossos caninos as atravessam. São piores e mais duras que o bolo de Natal.

y

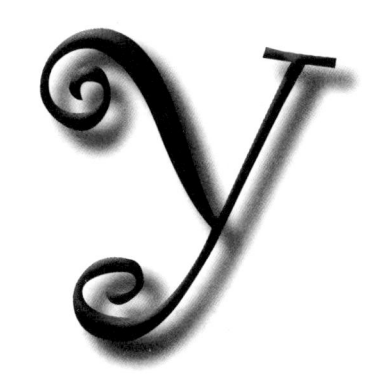

YOUNG & ESTILO

Sendo vampiresa adolescente, seu estilo ainda está desabrochando, portanto é fácil desenvolver maus hábitos semelhantes aos de adolescentes humanas, como investir em botas Ugg, tops cortados e jeans rasgados. Mas por que se espelhar em tais criaturas? Você é especial agora e tem o dever de preservar a aura de adolescente morta-viva.

Caso esteja cursando o ensino médio, talvez tenha notado que algumas colegas adotam um visual marcadamente gótico, e o fazem para sinalizar — embora morando em casas rodeadas por cercas brancas e tendo pais que lhes compram videogames — sua alienação do mundo. Fico satisfeita que vestir-se como vampiresas lhes permita irritar os pais e amedrontar crianças pequenas, todavia é somente o que viventes chamam de "uma fase" e passará.

Entretanto, você será adolescente morta-viva por toda a eternidade, com sensibilidade e desejos diferentes daquela loura burra que se senta ao seu lado na aula de história. No seu caso, alardear esse status servirá apenas para metê-la em uma enrascada; assim, é melhor esquecer as roupas escuras e os piercings. Além do mais, ficar sem lavar os cabelos por um mês é nojento.

De forma que insisto na importância de se familiarizarem com nomes como Chloe, Alexander Wang e Christopher Kane. Sei que você não pode bancar essas grifes com o que ganha trabalhando no turno da noite do McDonalds. Para isso existem o eBay, as lojas vintage e o guarda-roupa do seu criador. Suplique, pegue emprestado ou roube, não me importo, desde que esteja vestida para matar.

Brincadeirinha, minha querida jovem.

Como você tem sido uma eterna adolescente, sabe melhor do que ninguém quão cegamente seguidoras de modismos suas amigas podem ser. Em um minuto todo mundo tem de se vestir como Sienna Miller, ou aquelas vacas da sua classe a arrasarão na página do MySpace. No outro, todas parecem extras do High School Musical, o que, minha querida, é uma lição sobre o que não vestir e sobre como não se comportar. Comece a cantar de repente na escola e não lhe oferecerão um contrato em Hollywood, apenas uma passagem para o hospital psiquiátrico.

Se suas amigas estão com mania de *Crepúsculo,* entendo. Depois de todos esses anos nos odiando, quantos humanos fabulosos nos adoram agora! Pena que continuemos achando-os embaraçosos. Entretanto, não há filé mais suculento que uma de suas veias. Fui adolescente também, vocês sabem, e compreendo a ânsia de nos encaixarmos. Sim, lhes permitirei ler a saga *Crepúsculo*, assistir aos filmes da série e desejar Edward Cullen, se necessário for, mas nada de copiar a moda de Forks.

Capas de chuva são para homens que vão ao cinema assistir a filmes pornôs no meio do dia, não para vocês.

Assim, o que fazer? Meu conselho é investirem no básico — uma incrível jaqueta preta, camisa branca elegante, jeans de grife, um lindo vestido Karen Walker, algumas camisetas Armani e vestido de seda, estilo grega, Bottega Veneta.

Por que um vestido glamouroso? Queridas, vocês estarão indo ao seu baile de formatura por toda a eternidade e acabarão lucrando com o investimento. Além do mais, não comparecerão ao evento para dançar, e sim para se alimentar. E nunca, na história de nossa existência morta-viva, alguém, em um vestido de fibra sintética, foi bem-sucedida em um baile de formatura.

Z

ZUMBIS

Embora não sejam vampiros, vocês são mortos-vivos e provavelmente pegaram este livro em busca de dicas de moda também. Uma boa jogada porque, queridos, vocês realmente precisam dar uma renovada no estilo.

Nós podemos parecer fantasmagóricos e nos alimentar de sangue, porém somos magros, sexy e praticamente tudo que é mostrado nas passarelas nos cai bem. Sua espécie come cérebros enquanto a própria carne apodrece, um desafio para qualquer estilista.

Meu primeiro conselho é se arrumarem no instante em que acordarem. Andar por aí o tempo inteiro vestindo pijama não inspira confiança em ninguém. A única pessoa com licença para perambular metida em um roupão 24 horas por dia, sete dias da semana, é Hugh Hefner. A menos que você more na mansão Playboy, rodeado de louras 60 anos mais jovens, é hora de fazer compras.

Vamos?

No caminho para as lojas, suplico-lhes que parem em uma clínica de bronzeamento. Se sua pele está esverdeada, um jato bronzeador a deixará uniforme e lhes concederá um aspecto de mais vivos do que mortos. Agora falemos sobre chapéus. Essa deve ser sua primeira aquisição. Buracos na cabeça e danos cerebrais não são coisas que se queiram apregoar, portanto cobri-los é essencial. Sendo zumbis britânicos, Philip Treacy faz chapéus maravilhosos que podem ser usados em todas as ocasiões. Caso sejam mais tradicionais, chapéus de feltro são aceitáveis.

Para zumbis americanos, boné de beisebol com as cores do seu time é perfeito para sua condição. Zumbis texanos talvez prefiram chapéus de cowboy e as socialites nova-iorquinas, aqueles estilo *pillbox*. Funcionam dia e noite.

Para zumbis franceses, gosto de boina, e os italianos nunca errarão usando um fedora. Um lenço na cabeça está ótimo se vocês estiveram vagando pela Rússia, só não se esqueçam de cobrir a parte de trás do seu ensanguentado crânio. Àquelas a quem faltam membros, digo o seguinte: queridas, não se desesperem. O ponto central da moda é enfatizar os melhores atributos e minimizar as áreas problemáticas. Assim, se não tiverem braços, tragam o foco para as pernas com sensacionais sandálias afiveladas ou com botas tacheadas.

Pernas em decomposição? Sem problema! Atraiam os olhares para cima com um clássico twin set de lã e três fios de pérolas japonesas.

E, por favor, uma palavrinha sobre os modos à mesa. Vivos ou mortos, comportarem-se bem à mesa é crucial para uma vida com estilo. Mostra às pessoas que vocês são monstros de classe. Portanto, após atacarem sua vítima, nada de comer o cérebro com os dedos. Quero que ponham a mesa, sentem-se e usem garfo e faca, pois não? (Nota aos zumbis adolescentes: cálices de vinho são para vinho, não para serem esmagados contra a testa.)

Sim, é verdade, vocês nunca terão a beleza sedutora e o charme altivo dos vampiros, porém isso não significa que possam ignorar o glamour. Como disse, certa vez, a grande diva dos cosméticos, Helena Rubinstein: "Não existem mulheres feias, apenas mulheres preguiçosas."

Entrevista com uma vampiresa... estilista

(Nome mantido em segredo para proteger a culpada)

Onde você está estabelecida atualmente?
Moro em Nova York, mas tenho 24 lojas nos Estados Unidos e também atendo a clientes particulares.

Quando você se tornou vampiresa?
Saí da Inglaterra no *Mayflower* e cheguei à América em 1620. Fui convertida em 1627.

Você está fantástica para alguém com quase quatrocentos anos.
A beleza da mordida é que a gente nunca envelhece. Durante os primeiros trezentos anos da minha vida, isso foi realmente um problema. As pessoas estavam sempre comentando minha aparência jovem e não tardavam a ficar desconfiadas. Agora, graças à cirurgia plástica, não existem homens ou mulheres vivos que pareçam ter mais de trinta anos, de modo que me encaixo bem.

Você deve ter visto uma quantidade enorme de looks nesse tempo todo. Cheguei aqui com um vestido de peregrina e sapatos de fivela e, mesmo na época, sabia estar deselegante. Entretanto, não era como se houvesse uma Bloomingdales ou Selfridges na colônia onde fosse possível atualizar o guarda-roupa. A coisa era difícil. Desde então tenho tido inúmeras oportunidades de aprimorá-lo.

Alguma era favorita em termos de moda?

Adorei a Era do Jazz. Vestidos melindrosa caíam bem em todo mundo e eram tão sexy. Eu confeccionava um para mim à tarde e por volta da meia-noite tinha uma infinidade de homens aos meus pés para sugar.

Pior era.

Bem, perucas empoadas e calções até os joelhos para homens foram um desastre. Era inacreditável que alguém conseguisse uma namorada na época de George Washington. Quanto às mulheres, sentarem-se vestindo saia-balão revelava-se um inferno. Não sei o que as damas estavam pensando. Mais recentemente, eu citaria os anos 1980. Ninguém fica bem com leggings, cores néon e ombreiras. De fato, fiz questão de drenar toda mulher com quem cruzei vestida assim, só para tirá-las de circulação.

Alguma vez você se vestiu como vampiresa?

No princípio, nunca. Em 1692, o julgamento das feiticeiras de Salem era como o *American Idol* hoje, o país inteiro falava a respeito. Vampiresas e bruxas tendem a gostar de algumas mesmas coisas, e eu não pretendia dar a ninguém nenhuma desculpa para me prender e me mandar para a fogueira. Posteriormente, adotei o estilo gótico, mas apenas entre vampiros e simpatizantes.

E agora?
Na era atual, sou estilista, portanto visto minha própria grife. O problema é que todo mundo acabou se apropriando do gótico, de forma que já não é mais um estilo original ou especial. Na moda, se você não está na vanguarda, você não é ninguém.

Mas muitos vampiros ainda apreciam o look "conde Drácula" refinado.
Eu sei. É um dilema. Por um lado, é um visual dramático, que excita os humanos. E se você é uma recém-mordida, espera que a capa preta e o corselete de veludo façam parte do pacote. Entretanto, insisto o tempo todo com os vampiros neófitos: com tanta moda fantástica disponível, por que ser um clichê? Ninguém fica mais bonito do que quando usa roupas de grife.

Alguns adolescentes vampiros preferem jeans e camisetas e ignoram o tradicional.
Adolescentes! O que se há de fazer? Jeans parece ser o uniforme da juventude, e é importante nos adaptar se quisermos escapar à patrulha. Caçadores de vampiros estão em todo canto, você sabe. Porém eu gostaria que eles misturassem as peças um pouco mais. Um jeans rasgado fica fabuloso com suéter de cashmere.

Piores erros da moda cometidos por vampiros.

Não usar cosméticos suficientes. Somos mortos-vivos e sempre precisamos de mais maquiagem do que pensamos. Também esquecer-se de verificar se há manchas de sangue depois de se alimentar. Não faz sentido comparecer a uma festa beneficente de gala usando um smoking Gucci ou um vestido Armani com sangue no colarinho ou no decote. As pessoas reparam.

Coisa mais importante se você é morto-vivo e está querendo um guarda-roupa mais requintado.

Atenção ao corte. Um paletó de alfaiataria pode abrir muitas portas, e além dessas portas há uma enormidade de pescoços. E, senhoras, muitas de vocês ainda continuam usando o número errado de sutiã. Vale a pena ouvir a opinião de uma especialista.

Você veste muitos vampiros?

Sim, especialmente em Washington. Se você trabalha no Congresso, é fundamental ter um visual profissional e estiloso. Todos acabam me procurando.

Deus do céu! Também há vampiros na Casa Branca?

Estamos em todos os lugares onde vocês estão.

Drácula veste Dior foi impresso em São Paulo/SP
pela RR Donnelley, para a Larousse do Brasil em fevereiro de 2011.